大夏书系
十年经典

过一种幸福完整的教育生活

朱永新教育讲演录（第二版）

朱永新 著

华东师范大学出版社

上海著名商标

ECNUP

全国百佳图书出版单位

谨以此书献给在汶川大地震中逝去的老师和孩子们

目 录
CONTENTS

我们的教育往往就是为了某年某月的某一天，考试的这一天。这一天所用的东西就是我们教育的全部，就是试金石，这一天成功了，教育也就成功了。我们的教育、我们的眼睛只盯着这一天是很可怕的事情，因为这一天需要的东西，再过两天可能就会忘记。

信息意识一直是数字化生存和发展的重要基础。能不能具有很强的信息意识，能不能判断信息的价值，能不能有强烈的重视信息的敏锐感，我觉得都是非常重要的。

我们经常听到这样一种呼声：在应试教育的背景下，不少孩子的童年世界充满了失败，心里没有了美好的梦想，眼中失去了凝望世界的明眸，他们失去了追求理想的冲动，失去了成功的情怀和感恩之心。如果是这样，教育哪有什么幸福可言？

共读共写共同生活，意味着这样一种文化上的努力，即恢复书香传统以及书写传统，在现代生活的背景下，通过对传统文明以及人类文明的反思与继承，逐渐形成新的价值观，将班级、学校、家庭、社区、国家重新凝聚起来，冲破个人主义屏障，打破人与人之间相互隔离的状态，恢复生活的整体性和人与人之间的联系，从而不断地创造新的更加美好的未来。

新教育团队是基于一个共同愿景的团队，拥有一个共同的理想和追求；是一个只求真理的团队，不屈服于任何一个庸俗的关系和行政的压力。

教育最重要的任务，是塑造美好的人性，培养美好的人格，使学生拥有美好的人生。判断教育的好坏，应该从这样的原点出发；推进教育的改革，也应该从这样的原点开始。

一个老师，如果连学生都瞧不起，我想，你就没资格做老师，也无法在学校安身立命。因为你不可能从教育生活中得到幸福，肯定也很痛苦。要让学生瞧得起，实际上也很简单，学生的要求并不高，就两件事情，即"学高为师，身正为范"。

新教育人的使命，就是自觉地把中国文化作为自己的精神家园，作为我们教育的根基和创造之源；就是通过我们的努力来推动文化的自我创生，让中国文化的根本精神在我们这个时代重新显现并焕发青春。

很多父母认为，他们的任务就是让孩子吃好、穿好，身体健康，教育是学校的事情。事实上，孩子无论在哪里，总是离不开父母的影响和父母的教育，包括在餐桌上的每一句话，孩子都看在眼里，记在心里。所以，孩子成为优秀人才的背后总能够找到温馨、和谐家庭的影子。

用心说话（自序）

　　说起来大家可能不相信，我本来是不善言辞的人，更谈不上讲演了。小学的时候，我甚至有很长一段时间"结巴"，不愿意讲话，经常是一个人沉浸在书本之中。到了中学，情况有所好转，但是也只是与好朋友交流交流。所以，读大学之前，我好像连小组长也没有干过。

　　进大学以后，读到一本传记，其中讲到传主如何把石子含在嘴里训练口才的故事，这对我的震动很大。我开始意识到表达与沟通能力的意义，于是经常主动地讲话发言，甚至愿意"承包"别人不太愿意做的事情，代表小组交流讨论的结果。尽管有时候也出洋相、闹笑话，但依然我行我素。慢慢地，我发现自己会说了，变得自信了。

　　我个人的这段经历，成为后来新教育实验的六大行动之一"培养卓越口才"产生的重要背景。我一直认为，人的表达与沟通能力是非常重要的，也是一个人一生最需要的东西之一。无论从事什么职业，善于表达善于沟通的人，总会有更多的机会。教师，是以"舌耕"为业的，自然应该有语言表达的能力；领导，是以鼓动激励为重要工作内容的，自然应该是演讲的高手；企业家，要营销自己的产品，自然应该"巧舌如簧"；演员，要感动观众，不仅讲话要抑扬顿挫，甚至要调动肢体语言。就是我们每一个普通的人，在日常生活中间，这种表达与沟通的能力也是不可或缺的。人与人的矛盾，90% 是由于沟通不畅造成的。

在新教育的实践中，我们逐渐认识到，口才训练、沟通技巧固然重要，但如果没有思想的力量，再好的口才也是不能够感动人的。所以，我们提出，"要想说得精彩，必须思考得精彩"。讲演的最高境界，已经不是语言，不是激情，而是思想。"阅读是思想之母"，所以，新教育实验强调阅读，主张"营造书香校园"，认为一个人的精神发育史就是他的阅读史，在学校里倡导"晨诵、午读、暮省"的新教育儿童生活方式，开展"毛虫与蝴蝶"的儿童阶梯阅读活动。

当然，在日常生活中间，"说"的前提是"听"。说话的艺术很大程度上取决于听话的艺术。善于聆听的人，才能够激发起对方表达与沟通的兴趣，才能够深入了解对方的思想与意图，也才能够真正说到位，说清楚，说流畅。所以，我一直主张语文教学还应该教会学生聆听。如学会在别人讲话的时候眼睛看着对方，学会用心理解对方讲话的要点与目的，学会用肢体语言积极地反馈和肯定等。其实，聆听本身也是对人的尊重。

　　践行新教育实验 6 年来，我还深深地懂得，讲演的效果不仅取决于思想的深刻，更取决于行动的力量。6 年前，我决定将新教育实验懵懵懂懂的思想变成行动时，我怎么也没有想到，她会变成燎原星火，凝聚了一群教育理想主义者，感染并影响了百万师生。尽管新教育实验还存在诸多亟待完善的细节，距离我们的教育理想还很遥远，但我们毕竟上路了。在行走的日子里，我们开始将"只要行动，就有收获"幻化成我们的哲学。收录在本书的部分讲演，与其说是讲出来的，不如说是做出来的。

　　行动中的我，在知天命之年，开始懂得讲演的最高境界，不是用"嘴"说话，而是用"心"说话。写作这篇序文的时候，我们新教育实验团队的骨干成员，正在汶川大地震后建立的"八一"帐篷小学，用新教育实验倡导的心灵的教育、爱的教育、生命的教育，抚慰劫后余生的学童们的心灵。

　　我们的团队赶赴灾区后，很快就与北川教师进修学校校长徐正富走到了一起。讲到了自己眼睁睁看着学生向自己求救并死在自己面前，自己却无能为力时，一向乐观健谈的徐正富，一次次流出揪心的泪水。他说，北川几所学校损失惨重，而北川很多很多教师仍然坚守岗位呵护学生，他们中许多人丧失了亲人。记者来采访，上级部门要求写事迹材料，没有人愿意写，因为整个教师群体都是好样的。

听到这些，我再一次明白，在洁净的心灵面前，语言是黯淡的。讲演者需要训练的是技巧，是思想，是行动，然而大声音必定诚实，离开了爱人爱世界的心灵，再高技巧的演讲，也会蜕变成缺乏人性的煽动。

汶川大地震前一周，北川县教育局长尚勇带着包括徐正富在内的 21 位校长，去了我们在翔宇教育集团的实验基地，观摩了我们的新教育小学，并且决定在北川这个民族自治县，全面推行新教育实验。他们原定是 5 月 12 日在我们新教育小学的开放周来的，但是由于一些原因，他们提前一周来了。没有想到，就是在 12 日这一天，壮志未酬的尚局长永远离开了我们。徐正富说，大地震过后，尚勇局长的妻子一个灾民区一个灾民区地寻找自己其实已经遇难的丈夫。

所以，我愿意把这本小书，献给在大地震中遇难的尚勇局长，献给那些为了学生而失去自己、忘记自己的教师，献给那些再也不能感受儿童节的学生。

愿逝者安息。愿生者坚强。

朱永新

2008 年 6 月 1 日

理想产生激情，激情使理想的主旋律镗锵有力；

理想产生诗意，诗意使理想的调色板光彩照人；

理想产生机智，机智使理想的追求充满智慧的灵感；

理想产生活力，活力使理想的实现拥有了源泉；

理想产生恒心，恒心使理想的探索成为快乐的进程……

朱永新《教育的理想与理想的教育》

做一个理想的教师

2000 年 7 月·江苏苏州

　　非常高兴，在这美丽的太湖之滨与大家分享我对于教师问题的理解和认识，感谢《新教育周刊》的宗平小姐给我这样的机会。参加这次创新教育笔会的老师们都是江苏教育界的精英，希望大家能够批评指正。

　　做一个理想的教师，关键是要了解究竟什么样的教师是好教师，什么样的教师堪称理想的教师。美国两位学者泽斯纳和乔伊斯曾对教师问题进行过专门的研究，认为历史上各种教师理论可分为五类：第一类是把教师看作"出色的雇员"（the good employee）。该理论强调教师在课堂上规范地教学。这类教师是技术型的、经验型的。第二类把教师看作"初级的教授"(the junior professor)。该模式强调优秀的教师必须掌握丰富的学术知识和良好的知识背景，必须有精深的学术背景。第三类把教师看作"充分发展的个人"(the fully functioning person)。该模式认为只有能够促进个人发展的教师才是最优秀的教师，只有促进个人发展的教育才是最好的教育。这种理论充分肯定教师个人的价值观，强调教师对个人人生的理解，强调教师的教学个性和教学风格，注意人格的塑造和培养。第四类把教师看作"革新者"(the innovator)。该模式认为教师应是充满朝气和活力的，教师是整个教育、社会改革的源泉，教师应当通过对学生和学校教育的改革来改造社会。第五类是把教师看作"善于思考的专家"(the reflective professional)。该模式认为教师是思想家。教师在教学过程中，不仅要注意对学生认知能力的培养，更重要的是要注意提高学生的思维能力。我认为，以上五种教师模式中任何一种单纯的模式都不是我们支持或欣赏的，优秀的教师应该是诸种模式的综合。下面我讲一下我眼中的理想的教师。

首先，理想的教师，应该是一个胸怀理想，充满激情和诗意的教师

任何教师要想有高的成就、高的水准，首先必须有高的理想。国外有人专门研究过人的抱负层次和成就的关系，结论是人的抱负层次越高，成就也就越大。作为教师

来说，走上教育岗位以后，必须为自己设置一个一生为之
奋斗的目标。只有设置这样一个目标，才能把自己的所作
所为锁定在这个目标上，才能不断增强自我意识和使命
感，才能不断地进行自我挑战，否则会走弯路，会荒废时
间及精力。

教育和其他职业有很多相同的地方，也有很多不同的
地方。教育的复杂性和丰富性，是其他事业所不具备的，
它要求教师富有更
高的灵性与悟性。
有人说教育是一首
诗，可以是田园诗，
可以是古体诗，也
可以是抒情诗，有
各种各样的情调与
内涵。教育家读懂
这首诗的前提是什
么？是自己给自己
设定一个目标：我
要读懂它。如果没

有解读这首诗的愿望与冲动，你永远不会读懂，也不会写
出精彩的诗篇。马卡连柯曾经把他的著作称作"教育诗
篇"，我觉得很有道理。

一个理想的教师，他应该是个天生不安分、会做梦的
教师。教育的每一天都是新的，每一天的内涵与主题都不
同。只有具有强烈的冲动、愿望、使命感、责任感，才能

够提出问题，才会自找"麻烦"，也才能拥有诗意的教育生活。写诗是要灵感、悟性和冲动的，真正的教育家也应具备这样的品格，永远憧憬明天。冲动停止，教育就会终结。

一个理想的教师，必须具有远大的理想，不断地给自己提出追求的目标，同时又要有激情。对一个成长中的教师来说，平静的思考是需要的，但更要富有激情。美国学者威伍在《激情，成就一个教师》一文中曾说过一句非常精彩的话："想要教好的教师可能在大多数情况下都是志向更高和激情奔放的。伟大至少一部分出自天赋，这是无法传播的。然而，伟大的教师一定是激情的教师。"

人要会做梦。理想的教师要永远伴随着自己的梦想。当生活没有梦时，生命的意义也就完结了，教育就没有了意义。

第二，理想的教师，应该是一个自信、自强，不断挑战自我的教师

一个理想的教师，应善于认识自己，发现自己。生活中的一些人，为什么没激情？因为他发现不了自己的可爱之处和伟大之处。认识自己是人类自古提出的一个很高深的命题。在"认识自我"这个问题上，长期以来我们走进了一个误区：我们在评论、总结和交流的时候，总会自贬三分。当然，在交往中自贬一些未尝不可，但在内心深处绝对不能自贬。

对一个成长中的教师来说，平静的思考是需要的，但更要富有激情

一个人永远不会超越他追求的目标，同样，一个人也永远不会超越对自己的评价。一个人对自我的评价，往往是这个人事业能否成功的标志。自信使人自强，适当的"骄傲"使人成功。只有自信，才能使一个人的潜能、才华发挥到极致，也只有自信才能使人得到"高峰体验"。培养人就是培养他的自信，摧毁人就是摧毁他的自信。

　　日本学者坂本保之介写过一本关于自己的书，书中有这样一个故事：他在班上学习成绩很差，年级一共有 500 人，他排在 470 多位。但是他的父亲并没有失望，而是不断地去挖掘他的"火花"。陪儿子下棋，旨在使他的思维敏捷；陪儿子上山狩猎，赞扬他观察敏锐，以此不断强化他的自尊心。一旦树立起自信，很多东西就自然而然地接受了。

　　校长应该保护教师的自信心，甚至带有骄傲性的自信。作为教师，也应珍视这种自信，不因一时挫折而丧失自信。只要一个人的自信心不被摧毁，他就一定能够成功。人来到这个世上，就应该有他的价值、他的舞台，就应该有他扮演的角色、达到的境界。只是我们常常没有发现自己存在的价值，没有确立起人生的信念。有一本书，《五体不满足》，讲的是一个叫乙武洋匡的日本年轻人，他一生下来就无手无脚，但正是这样的一个人，凭自己的不懈努力，考入了日本早稻田大学，成为日本畅销书的作者。因此，我认为一个人要取得成功有两个重要的前提：一个是追求成功，一个是相信自己能够成功。

　　任何一个人都可以取得巨大的成功，任何一个教师都会取得巨大的成功，只是我们还没有找到成功的道路。一名理想的教师，应该不断地追求成功，设计成功，而更重要的是要撞击成功。因为人来到世上并不知道他会成为什么样的人，只有去撞击每一个可能成功的暗点，才能擦出成功的火花。教师有这样或那样的冲动，有这样或那样的撞击，是难能可贵的。当一个教师停止了撞击，就意味着他对自己的存在失去了自信。

第三，理想的教师，应该是一个善于合作，具有人格魅力的教师

竞争基础上的合作，合作基础上的竞争，是现代社会的显著特征。一个不善于合作的教师，走不了太远，因为这个社会是需要合作的社会。社会如此，教师职业也是这样。

我们的学生，处在非常复杂的社会环境中，时时刻刻接受多方面、多层次的影响。教师影响施加得如何，取决于力的平衡。教师的影响在多大程度上能够成功，取决于教师在多大的层面上协调各方面的力量，共同对学生施加影响。一个会做工作的教师，会调动千军万马来实现自己的教育抱负。有不少教师个人素质很好，但是缺乏合作精神，与别的教师斤斤计较，这样的教师不会有多大出息。合作是多方面的，有教师和教师的合作，教师和学生的合作，教师和家长的合作，教师跟校长的合作，教师和社会的合作。

有不少教师个人素质很好，但是缺乏合作精神，与别的教师斤斤计较，这样的教师不会有多大出息

对于合作与竞争，要确立"双赢"的观念。过去我们往往以为，在竞争中只有一个赢家，因此，合作有一定的困难，更多的是竞争。但事实上，只有双赢才是真正意义上的竞争。真正高明的教师，应该是一个非常尊重他的同事，非常尊重他的领导，非常善于调动各方面因素的教师。怎样成为一个受欢迎的教师？我过去一直强调三要素：换位，尊重，互惠。

怎样成为一个受欢迎的教师？我过去一直强调三要素：换位，尊重，互惠

第一是换位。也就是换位思考。"己所不欲，勿施与人。"换位，讲起来最容易，做起来最难。换位是一个心理学命题向哲学命题的挑战。哲学家告诉我们"这个存在"只能有"这个意识"；心理学家则说不能这样，"这个存在"要有"那个意识"。这就很难，稍不注意，就会导致本位主义和自我中心，变成一切从自我出发。我们知道，生活中过多的本位、过多的自我中心必然会导致冲突。这些冲突可以通过换位得到很好的解决。所以说在工作中、在生活中，我们的教师要多站在对方的角度去思考问题，这样就不至于站在自修室的门前去抢时间，就会理解别人，同情别人。这样的教师就会被视为一个善解人意的教师。换位并不意味着他不知道自己的存在，而是同时也知道别人需要什么，并会在别人需要的时候，及时伸出友谊之手，而不是置别人的痛痒而不顾。

第二是尊重。尊重是人的一个非常重要的心理需要，它还是一个很高层次的需要，是在人的生存、生理等需要满足之后产生的。苏霍姆林斯基说，自尊心是人的心灵里最敏感的角落。一旦挫伤一个人的自尊心，他会以十倍的

疯狂、百倍的力量来和你抗衡。士可杀，不可辱。因此，教师一定要尊重他人尤其是学生的人格。

第三是互惠。我们的教师在与人交往当中应该学会给予。在共同的活动中，大家能分享活动的成果，在活动中得到相应的回报。西方有一种社会交往理论认为，人和人之间的交往，很重要的一点取决于心理评价。每个人在这个过程中都要付出，这就是所谓成本。同时，每个人在交往过程都能得到一些东西，这是属于利润。如果这种交往能够令自己有所收获，他就会继续这种交往；如果这种交往浪费很多时间、精力，不值得，他就会中止这种交往。但是有些人在看待教育过程中是吃亏了还是占便宜的问题时，往往看不到自己的所得，这就导致了各种各样的交往失衡。

一个优秀的交往者，一个理想的教师，应能够讲一点儿奉献精神。我们提倡这样一种精神和境界，因为这样一种精神、这样一种境界的背后是你能得到回报。所有的付出都会有回报，所有的付出都会有收获。交往的过程实际是利益平衡的过程。斤斤计较于眼前的得失，表面看暂时得到一些，但实际上失去了长远利益，其实是得不偿失的。我觉得，如果一个教师真正做到以上三点，他一定会赢得同事的尊重，赢得校长的尊重，赢得学生的尊重，赢得家长的尊重。

第四，理想的教师，应该是一个充满爱心，受学生尊敬的教师

　　爱的教育，是教育力量的源泉，是教育成功的基础。正如夏丏尊先生所说："教育没有情感，没有爱，如同池塘没有水一样。没有水，就不能称其为池塘。没有情感，没有爱，也就没有教育。"我们有很多教师日复一日年复一年地教，但是他从没有在教的过程中找到乐趣，心中也从没有涌起一种爱的热潮。这样的教师永远也不可能取得教育上的成功，永远也不可能把握教育的真谛。

你不爱教师这个职业，你就不能从教师这个职业中获得乐趣

　　我在大学教书的时候，学生毕业时请我给他们留言，我写得最多的一句是：挖掘你生活中、你职业中的内在魅力。我们每个人生存和发展的基本的东西是他的职业。你是厌倦它还是喜欢它，对整个心理的发展，对你的幸福感、成就感的获得，都是至关重要的。你不爱这个职业，这个职业也不会爱你。你不爱教师这个职业，你就不能从教师这个职业中获得乐趣。

　　我们过去经常说，"家有三斗粮，不做孩子王"。和孩子打交道确实是一件非常烦心的事，每天都会遇到这样那样的困境，每天都会碰到这样那样的烦恼。但是，大烦恼才能有大乐趣，大问题才能有大成就。你仔细去挖掘教师这个职业，就会发现它实在是美。可以说，世界上没有比教师职业更美的东西。

　　教师要善于发现教育的乐趣，因为我们每天拥抱的是

一个新的太阳，我们每天面对着的都是一些个性迥异的孩子，都是一个个前程不可限量的个体。他们当中可能会有今后的政治领袖，可能会有今后的诺贝尔奖获得者，可能会有各种各样的可能。只要你精心地去照料他们、哺育他们，只要你帮助他们树立自信，只要你帮助他们挖掘他们身上的潜力，他们的能量是不可限量的。一份耕耘会给你几倍的回报！

教育是一个能够把人的创造力、想象力和全部能量、智慧发挥到极致的，永远没有止境的事业。这还不值得去爱吗？未来的教育工作者应该投入全身心的力量去爱学生、爱教育。只有爱，才能赢得爱。你爱教育事业，教育事业也会爱你，你才能获得事业上的乐趣。你爱学生，学生才会爱你，这样才会让你在和学生的交往中忘记了外面的世界，忘记了生活的烦恼。

> 教师爱学生，一个很重要的表现就是相信每个孩子

教师职业可能永远达不到职业排名榜的最前列，但是我相信，一个优秀的、理想的教师，一定会在自己的内心把它排在最前列！所以我觉得，教师应该努力挖掘教师职业的内在美，坚信自己所从事的是一个影响人的一生的、

值得为之奋斗一生的事业。这样，你才会爱它，才会全身心地投入。教师爱学生，一个很重要的表现就是相信每个孩子。每个孩子都具有巨大的

潜能，而且每个孩子的潜能是不一样的。只有独具慧眼，发现每个孩子身上的潜能，鼓励孩子去不断地自主探索，才能使他们的才华得到淋漓尽致的发挥。

教师爱学生，还表现为教育的民主性。我们教育中的民主精神还不够，教师讲学生听，教师命令学生服从，师生之间平等对话太少。我们经常抱怨社会缺少一些民主，可是社会民主的基础是学校的民主，没有学校的民主，谈不上社会的民主。民主精神的培养要从小开始。民主体现在许多方面，包括教师与学生讲话、交流的方式，这似乎是小事，但都与民主密切相关。中国的学生上课都是正襟危坐，教师提问的时候，学生都是异口同声地回答。在外国教育家看来，这些都是不可思议的——一个问题怎么可以齐声回答？

我们的不少教师，没有爱心，不是担任教书育人的角色，而是一个"教育警察"；不是肯定优点，而是发现缺点。当孩子们非常正常、非常优秀的时候，教师不去肯定他们，激励他们，而是将他的问题放大。因此，我觉得我们很多教师扮演的就是一个"刽子手"的角色。在我们教师的手上，不知道失去了多少诺贝尔奖获得者，不知道失去了多少鲁迅、郭沫若，也不知道失去了多少非常优秀的人才。我始终认为，教育一个很重要的前提就是爱心。只有在爱的基础上，教师才会投入他的全部力量，才会把他的青春、智慧，无怨无悔地献给孩子们，献给教育事业。

《用爱造句》一文的作者曾深情地将教师描述为：

　　我从古老的童谣中走来，韵味悠长的童谣里浸润着爱的音符；

　　我从青春的脚步中走来，且行且吟的脚印里洒满了爱的阳光；

　　我从生命的花圃中走来，姹紫嫣红的花朵上挂满了爱的露珠……

　　此生，我将注定为爱忙碌，犹如屋檐下面筑巢的春燕。

　　让我们为爱忙碌，用爱造句！

第五，理想的教师，应该是一个追求卓越，富有创新精神的教师

　　教育家和教书匠的一个最大区别，就是他有一种追求卓越的精神和创新的精神。我们很多家长在为孩子挑教师、挑班级的时候，都喜欢挑一个年纪大一点儿的"富有经验"的教师。我对他们说，你们不要这样，教育家不分年龄。近几年全国十大杰出教师候选人，绝大多数人都是五六十年代（即 20 世纪五六十年代——编者注）生的，很多都非常优秀同时又非常年轻。一个教师不在于他教了多少年书，而在于他用心教了多少年书。一些人，他教一年，然后重复五年十年乃至一辈子；有些人，实实在在地教了五年。一个实实在在教五年的人，与一个教了一年却重复了一辈子的人，他们的成就是不一样的。

　　一个优秀的教育家，应该是一个不断探索、不断创新

的人，应该是一个教育上的有心人。一个人之所以能够成功，在很大程度上是因为他是一个有心人。有心就能成功。尽管我们有时说，有心栽花花不发，无心插柳柳成荫，但是，毕竟大部分情况是有心栽花花自发，无心插柳柳无荫。我们不能把成功建立在不可捉摸的侥幸和偶然上。

　　所以我说，如果你不信，你从今天开始写教育日记，做一个有心人，认真总结教育的得与失。一件事情，今天成功了，是怎么做的？有什么体会？有什么感受？今天发生了一个矛盾，是怎么解决的？今天遇到了一个挫折，又有什么样的感受？你把这些原封不动地记录下来。五年以后将那些最精彩的东西选编出来就是最精彩的书。那些闪烁"火花"的东西，对读者会产生强烈的心灵震撼。

　　现在的问题是，我们很多人激动了一下，兴奋了一下，没有付诸笔端，这些"火花"不久就烟消云散了。做一个有心人，什么都能做学问。在有心的前提下，才能把各种碎片串成最美丽的服装。本来那些碎片单独看好像没有价值，实际上那不是因为它们没有价值，而是因为它们的价值没有被发现，没有被利用。如果你把它们加以组合，它们就会光彩夺目。所以，理想的教师应该是一个有心人。中小学教师搞教育科研，就是应该从记录教育现象、记录自己的感受、记录自己的思考开始。把这一颗颗的"珍珠"串起来，那就是一条非常美丽的项链。这样的教育科研应该鼓励。当然，这并不排斥我们的教师和专家们合作，进行一些理论上的探讨，但毕竟中小学的教育科

中小学教师搞教育科研，就是应该从记录教育现象、记录自己的感受、记录自己的思考开始

学研究和大学老师的研究是不一样的。我非常赞赏教师记教育日记，将自己的体会都记在本子上。或许这种本子以后可以成为《中国教师日记丛书》中的精品。

我们的教师还应该创造与众不同的品牌，打出自己的旗帜。实事求是地讲，现在我们有很多教师，包括已经评选出的许多优秀教师、特级教师，都没有自己的特色。我们现在评选优秀教师、特级教师时，往往是看他发表的论著多少，而实际上很少探究他独特的一面。我认为只有真正建立自己的风格、自己的体系的，才能成为一个教育家。"风格即人。"只有形成风格、体系，才能成为大家。

第六，理想的教师，应该是一个勤于学习，不断充实自我的教师

勤于学习，充实自我，这是成为一名优秀教师的基础。一个理想的教师，一个要成为大家的教师，一个想成为教育家的教师，必须从最基础的做起，扎扎实实多读一些书。在苏州，我们搞了一个名师名校长培训班，除了进行"与大师对话"等各种培训外，很重要的一条就是读名著。你不读《论语》，不读陶行知，不读杜威，不读苏霍姆林斯基，恐怕很难成为教育家。我正在选编一套《新世纪教育文库》，其中的教师系列既包括了海外最经典、最优秀的教育学科教材，又包括了国内外著名教育小说、教育散文、教育格言、教育漫话、教育故事、教育人物的精华，还有大量拓宽教师视野的人文、自然、社科类读物。

我们希望它能够成为中国第一套系统的教师必读书，成为优秀教师成长的精神食粮。

不要把教育家看得那么神秘，每个教师都可能在中国成为非常有影响的教育家，甚至可以走出国门，享誉海外。每个人都可以做到，关键在于是否做一个有心人，是否执著，是否有恒心。当然，我们知道，教育家必须具备相应的知识结构、教育理念、文化素养、道德素养、工艺素养等。

我觉得，教师最重要的任务是学习。任何一个教育家都不可能离开前代人的教育财富。在一定意义上可以说，我们是在用我们的时代语言，用我们的生活阅历，同过去的大师们进行心灵沟通，阐释我们对教育的理解。事实上，很多的教育家只不过是把别人的财富应用到自己的教育实践中，提出很多理论上的共鸣而已。你要自己去摸索，找到理论上的支柱和共鸣。现在不少教师找不到感觉，找不着"北"。作为一个教师，你跟其他专家不一样，需要各方面的知识。一个知识面不广的教师，很难真正给学生以人格上的感召力。孩子年龄越小，他对教师的期望就越高，他就越是把教师当作百科全书。在他们眼里，教师是无所不知的，如果教师一问三不知，他就会非常失望。所以，教师应该完善自己的知识结构。

教师还应该努力理解孩子的世界。成人世界和孩子世界是不一样的，孩子们的世界有独特的色彩、旋律和内涵。教师要和他们一起喜怒哀乐，要和他们共同成长，要成为他们中的一分子。教师需要有一颗非常年轻的心，才

孩子年龄越小，他对教师的期望就越高，他就越是把教师当作百科全书

能与他们沟通，才能理解他们，才能够得到他们的爱。可是我们一直主张师道尊严，鼓励师生之间有距离感。中国传统教育有很多好东西，也有很多不好的东西，过于强调师道尊严就不好。

教师还应该有"三历"：学历、经历和阅历

教师还应该有"三历"：学历、经历和阅历。这"三历"是一个有机的联系。不一定将名山大川都走遍，行万里路和读万卷书，其价值是一样的。我们要鼓励教师成为一个探索自然、热爱自然、热爱生活、热爱人类的人，要培养这样一种心境，才能教育好孩子们。

第七，理想的教师，应该是一个关注人类命运，具有社会责任感的教师

教育不光是给孩子们知识，更重要的是培养学生一种积极的生活状态，以积极的生存心境、积极的人生态度对待生活。教育本身就是生活。我们经常埋怨社会，这也不是，那也不好，我们诅咒腐败，诅咒专制，诅咒独裁，诅咒关系，诅咒各种各样的东西。但是我们很少想到，我们所诅咒的东西，很大程度上是我们自己所塑造的。在某种程度上可以说，教育是病态社会的根源，所以教师不要逃避责任。

作为一个教育家，作为一个理想的教师，他应该非常关注社会，非常关注人类命运，非常注重培养学生的社会责任感。也只有教师的社会责任感才能塑造学生的社会责任感。教师在课堂里面和学生讨论环境、人口等问题，才

能唤起孩子们对这些问题的关注。如果教师们整天关心的是名次，是分数，孩子们的心胸怎么能开阔？学校的世界和外面的世界应该是息息相关的，而现在却是"外面的世界很精彩"，学校的生活很无奈。

因此，要使学生更好地生活，要使今后的社会更加理想、更加完美，首先要净化我们的校园，并使我们的学生具有人文关怀精神。苏霍姆林斯基说过，孩子在离开学校的时候，带走的不仅仅是分数，更重要的是带着他对未来社会的理想的追求。我觉得，我们的教育，我们理想的教师，应该这样去做。也就是说，我们所做的一切，都是在为未来作准备。我们的教育是为了未来的教育，是着眼于孩子一辈子的教育。只有这样，才能有强烈的社会责任感。所以说，校长的社会责任感、教师的社会责任感，影响着学生的社会责任感；校园的民主方式、教育方式，直接影响到孩子们的生活方式。我希望我们的教师认真关注窗外的世界。

最后，理想的教师，应该是一个坚韧、刚强、不向挫折弯腰的教师

教师生存在不同的环境中，有的在重点学校，有的在非重点学校；有的在城市，有的在农村。孩子也有不同的背景和基础。有的人经常会埋怨：怎么让我到这样一个蹩脚的学校工作？总希望给他换一个更好的环境。这种心情可以理解，但是我想说，所有的环境都能够产生教育家；

所有的磨难都可能造就教育家。也许你把这个学校领导好，让这些孩子得到最好的发展，这就是你的使命。天将降大任于斯人也，必先苦其心志，劳其筋骨。

真正见功夫的是，你要把差的学生教育好，把差的学校管理好

事实上，环境好坏是相对的。在一个名气很响的重点学校，它的规范多，它的自由可能会少；而在一所名不见经传的学校，人的创造性可能得到更大的发挥。我经常对我们的优秀校长说，你得意可以，但不要忘形，因为不是你的教学水平特别高，而是你的学生造就了你和你的学校、你的老师。说句老实话，把这些重点学校的孩子放在哪里，他们都会很好地发挥，因为在多年的教育中，他们已经养成了自我学习、自我教育、自我发展的习惯。真正见功夫的是，你要把差的学生教育好，把差的学校管理好。所以我要求我们的优秀学校，必须帮助或合并一所基础薄弱的学校，否则看不出那些优秀学校的校长、教师有什么真功夫。有人说："像我这样的教师，只能到优秀的学校教优秀的学生。"不能说他的话一点儿道理都没有，但我觉得，只会教好学生的教师不是好教师；只会教好学生的学校也不一定是非常优秀的学校。

当然，这不是社会的普遍价值观，而是我作为一个教育官员的价值观。我需要的是教育平等，我需要给每个孩子都创造教育平等的机会，所以我花很大的精力，改造、扶持相对落后的学校。江苏为什么搞那么多重点学校，目的之一就是通过强化重点达到消灭重点的目的，表面上强化了，实际上反而弱化。对于薄弱学校的发展，我觉得各级教育行政部门应该将其放在重要位置上考虑。孩子们天

生都是平等的，应拥有平等的受教育的机会，教育应该给家长选择的权利，应该给孩子自由选择的权利。政府要做的事情不是禁止选择，而应该是尽自己最大努力，给每个孩子创造相对公平的环境。

我觉得，对一个教师的成长来说，坚韧不拔的意志力非常重要。行百里者半九十，为什么？因为绝大多数人，走到最后的十里路时就泄气了，就停下来了，而真正成功的人会坚持走完最后的十里路。这要靠毅力，靠恒心。有很多很多的人，是在成功的边缘退却而导致功亏一篑的。当然，我们也不能希望所有的教师都能够成为理想的教师，那是永远不可能的，因为人是有差异的，人的价值观也是有差异的。一些人希望轰轰烈烈，希望有声有色，希望成为一个受人尊敬的、非常有成就的教育家；也有些人就希望平平淡淡、安安静静。我们不能强求每个教师一定要有我讲的这样一种理想和追求，但是我想，如果一个社会没有这样一些理想的教师，如果一个校园没有这样一些理想的教师，那就是一种悲哀，既是教育的悲哀，也是社会的悲哀。

教育需要理想，只有燃烧起理想的火焰，才能使我们整个民族变得强大，变得有凝聚力，我们才能在与世界各国的竞争中站住脚。我们应该鼓励我们的教师，在任何时候，都不要放弃；应该鼓励我们的学校，在任何时候，都不要放弃。因为我们已经接近了成功的边缘，我们已经追求了，就应该有结果。教育是永恒的事业，一代教师的追求，两代教师的追求，全体教师的追求，会在校园里燃烧起理想的火花，从而使我们的民族燃起理想的火花。我希望中国的教育充满理想！希望我们的教师、校长充满理想、激情和诗意！

再次谢谢大家，也谢谢今天因为听我的讲演而忘记给大家倒水的服务员！

我希望，教育不再是一个沉重的话题

教育不再彷徨徘徊，发出无奈的叹息

教育不再步履艰难，重复昨天的故事

教育将阳光明走出那泥泞的沼泽地

——朱永新《走出教育的沼泽地》

中国教育缺什么

2002 年 5 月·湖南桃源一中

来到桃源，心里非常开心。我的导师上海师范大学的燕国材教授是桃源人，这里又是著名的《桃花源记》诞生的地方。能够追随先生的足迹，为他的家乡做一点事情，是我作为一个学生的福分。

昨天与学生们讲了成功学的问题，今天王校长让我为老师们讲些宏观教育的问题。我想了一下，准备说说我最近一直在思考的问题——中国教育缺什么。

中国的教育缺的东西太多。谈到这个话题，人们首先想到的是缺钱。我国广大农村经济基础十分薄弱，很多学校办学条件差，甚至根本就没有像样的校舍，教师工资也无法如期发放；我们有很多贫困家庭，孩子根本交不起上学的费用。虽然说我们基本普及了九年义务教育，但实际上并没有真正意义上的普及。因为真正意义上的普及应该是所有学生都能入学，各级政府在财政上充分地保障我们的学校、教师和学生，这一点显然还没有做到。

中国教育缺什么？缺人才。目前，我们拥有一大批非常忠诚、非常有良知的教育工作者，没有他们的默默奉献，就不会有中国教育的今天。但是，因为我们是穷国办大教育，不少教师没有受到过良好的业务训练，他们尽管有热情，很敬业，但对教育规律没有真正理解，整体的业务素质还很低。

中国教育缺什么？缺公平。今天上午有学生跟我提出，说我们的教育缺公平。这说明我们的学生还是非常关心中国教育的大问题的。我跟他们开玩笑说，你们能在优质学校读书本身就是教育不公平的一个体现，因为还有无数的孩子在不知比你们差多少倍的学校里读书，还有很多孩子没有书读，你说这公平吗？要知道，发达地区的一所优质学校与贫困地区的一所普通学校在教育经费、教师待遇、教育设施方面有天壤之别！

中国教育缺什么？缺优秀的教育理念。有人说知识改变命运。我认为不一定。你知识再多，不一定能改变命运。一个饱藏经书的两脚书橱能改变自己的命运吗？但是，人的观念可以改变命运。知识只有经过创造性转换，系统化，理性化，才能真正改变人的命运，改变民族的命运，甚至改变人类的命运。

上面的观点是人们关注得比较多的。今天，我想着重从另外四个方面来谈谈中国的教育缺什么的问题。

一、中国的教育缺服务意识

我相信今天在座的每位朋友在你们所受的教育中，从没有听过教育服务这个概念。"教育服务"是最近提出的，最近一两年才开始引起大家的重视。为什么？原因很多。首先，中国加入 WTO 时，我们是把教育服务和贸易服务放在一起谈的。在西方人眼里，教育是一种服务，服务开放，教育也一起开放。其次，多元化教育形式开始出现。过去我国是清一色的公办学校，资源配置、校长任命、师资配备都是政府包办的。民办学校的产生，对公办教育提出了很大的挑战。因为民办学校只有两条路可走，要么走向"死亡"，要么走向辉煌。民办学校在取得优秀办学成绩的同时，非常注重服务。很多民办学校的确提出了"学生和家长就是我们的上帝"之类的口号。他们觉得，学校教育就是要做好服务，就是让"上帝"满意。我们且不论这样的口号科学不科学，严密不严密，但不可否认这对传统的教育观是个冲击。

目前，中国的教育从上到下都缺乏服务的意识。老师在课堂上教书的时候想过自己在服务吗？想过要让每一个孩子都能满意，每一个孩子都能发展吗？事实常常相反，在我们的很多课堂上，不是教师为学生服务，而是学生在为教师服务。特别是我们的不少公开课，就是典型的全体学生为老师服务的过程，全体学生为老师作"表演秀"服务的过程。不仅如此，学生成绩优秀，也是服务老师，是为了证明你老师的能力，于是成绩好的学生自然就成了老师的宠儿。当然，缺乏服务意识并不是要由哪一个人来承担责任，因为服务意识来自市场的挑战及资源配置的挑战。优质资源紧缺的时代是不可能产生真正的服务意识的。服务意识只有在供求平衡，甚至供大于求时才会产生。现在的商场经营能没有服务意识？没有服务意识，那就只能关门大吉。

然而在十几年前，商场的营业员未必有服务意识。记得1982年我刚刚分配到大学工作，为了买一辆"正宗"的凤凰牌自行车，不知道跑了多少路，求了多少人，甚至买一台苏州本地产的长城牌电风扇也要托关系。当时营业员的工作十分令人羡慕，所以"微笑服务"和"顾客就是上帝"之类的话只是停留在口头上。但现在我们很容易就享受到营业员们优质热情的服务，他们几乎每个人都能以这样的意识来规范自己：没有出自真诚的服务就等于砸自己的饭碗。

前不久，我们苏州一所百年老校成立了高一年级的家长委员会，我很荣幸地当选为名誉理事长。在一般人眼里，家长委员会无非是两种人组成的：有钱的与有权的。学校要利用家长的经济条件或政治条件为它的教育教学服务。我到学校去，跟校长开玩笑说，你请神容易，送神难。你把家长委员会弄起来了，是好事情。毫无疑问，家

優质资源紧缺的时代是不可能产生真正的服务意识的。

长参与办学是教育的进步。但事实上，很少有学校真正把家长当一回事，无非是学校有困难时要请这位市长递条子，那位经理出点钱。现在你们把我请了来，就得约法三章。对于学校的困难家长委员会自然全力支持。孩子要活动，孩子要发展，我们不仅出钱出力，我们把心掏出来都愿意。中国的家长不就是这样的吗？但是，既然是理事，我们就要"理理事"。学校的课程设置，我们要参与。比

如学校应该增加一点讲座课程，关于科普的、健康的、人生的话题都行，因为书外的东西有时比单纯的知识还有用。苏州那么多外资企业，那么多世界五百强企业，你请些企业家给孩子们作作报告，这样可以了解人家是怎样创业、怎样创新的。再如，老师能不能少霸占课堂？45分钟的时间让讲的人和

听的人都累，效率也不高。毕竟，人的注意力不可能保持45分钟。能不能留些时间给孩子讲讲或讨论？现在的"哑巴式"教育让孩子们都不会说话了，他们没有机会表达自我。家长会就要传达家长们的声音嘛！很多家长参加学校的家长会时常常是战战兢兢、如履薄冰、如临深渊的，唯

恐自己挨批评。上次在南京一所著名中学开座谈会，一个年轻教师说，他从来没有想过教育也是服务。以前叫家长来，从没有不来的，打个电话，马上就到，管你是南京大学的教授，还是省里哪个厅的厅长。南京大学的某博士生导师也曾因"教子无方"而被他骂得狗血喷头。其实家长都在代孩子受过！

我们的学校应当形成一种服务意识，从每一个教师到他的课堂，从每一个校长到他的教师，从每一个教育行政部门到它的学校，都要强化教育服务，这样才能让大家真正感受到温暖，才能真正地让我们的教育受欢迎。我们口口声声说是为了孩子，"一切为了孩子，为了孩子一切，为了一切孩子"，实际上，我们做到了多少？只有形成了这样的观念、这样的意识，教师才会真心真意地去对待每一个孩子。实际上，服务意识和爱是从两个侧面来规范教育的形象的。爱是发自内心的，爱是教育良知，没有爱就没有教育，这是毫无疑问的。服务就不同了，它是行业性的基本要求。最近央视一套在播放一部很感人的片子——《小学教师》。在一位代课教师的班上，有个叫迈克的孩子，父亲得了艾滋病。父亲的病已经瞒了五年，没让孩子知道。但潜伏期过后，他支撑不住了，没法瞒了。新去的一个护理人员，有一个孩子跟迈克一个班，而且同一个组。这个护士很愚昧，她不知道艾滋病怎么传染，就偷偷告诉她的孩子不要和迈克坐在一起。片子就围绕这个冲突展开了对人性的讨论，讲到这小学教师怎么样全身心地爱迈克，怎么样和家长沟通，怎么样请性教育专家和12岁的孩子讲艾滋病，怎么样帮助那些家长去用一颗爱心，一颗善良的心，教育帮助孩子。这个老师不仅仅是爱他自己的孩子，他还有一种义务感、一种使命感，去和家长沟通，让家长也变得善良起来。记得过去有部电影《乡村女教师》也是这样打动了千万人的心，影片中老师的无私之爱值得每个人学习。教师应该有的就是这种服务意识，并从服务走向爱。

二、中国的教育缺人文关怀

现代很多人在讲人文精神，讲科学精神，讲得很玄乎。什么是人文？我认为所谓"人文"就是关乎人与关乎文。关心人类的命运（关心他人），关心人类文明（关心文化），这加起来就是人文。当然这是我个人的理解，不一定科学、全面。

中国的教育是非常缺少人文精神的。我们在为 20 世纪的教育所取得的成就而欢欣鼓舞之余，常常会发现过去的一些评价、判断存在问题。我觉得，20 世纪是非常值得我们认真检讨的世纪。20 世纪的 100 年，人类在科学发明创造方面的成就是空前的，人类对宇宙的探索成果也是空前的。虽然我们不能说征服了宇宙，但是起码已经登上了征服宇宙的新台阶。在宏观方面，有卫星的上天、人类的登月、火星地表的探索，等等。有的商人甚至在策划到其他星球去赚钱，在策划怎样把我们地球人送到其他星球去。在微观的层次上，基因的研究是一个重大突破，如人的基因组织、疾病的基因组成等等。将来，对很多疾病，包括癌症的控制水平会有很大的提高，这是毫无疑问的。基因的问题解决了，基因编码的问题解决了，对人类的生命的改善就容易得多了。袁隆平把水稻的基因解决了，粮食的问题也就解决了。克隆人，可能也很快就会横空出世，尽管"他"会带来很多伦理的问题、法律的问题，但是"他"的出现是谁都阻拦不了的。科学差不多改变了人类的生活方式，所以我们已很难想象，如果有一天我们没有电了，人们会怎么活。毕竟衣食住行，方方面面，都得靠电来控制。但是，与此同时，在这个时期，人类的人文精神又如何呢？地球上数千年数万年形成的森林差不多被砍光了，全世界的森林，绝大部分是在 20 世纪被砍光的。而河流呢？50 年前打仗时，南征北战，战士们双手舀起河里的水，就能享受到清凉与甘甜。河流甚至在 30 年前、20 年前还是清的，可现在碧水蓝天成了神话里的世界。空气也不再干净，人类对臭氧层的破坏、对自然界的破坏，在 20 世纪达到了无以复加的地步。两次世界大战也发生在其间，据说死伤人数超过历史上诸多战争的总和。赤壁之战、淝水之战死伤的人数跟这两次世界大战比起来都是小巫见大巫。今天，人类依然没有停止对人类的摧残，战争的硝烟还在四处燃起，巴以冲突、印巴冲突还在不断地升级。我们不禁要问：人类怎么了？人类是越来越聪明了呢，还是越来越愚蠢了？

就在上个月，我出席了在苏州张家港召开的全国首届智慧学会议。我曾请教与会的专家，人类到底是变得越来越聪明了，还是变得越来越蠢了？他们都笑而不语。那么，笑的背后是什么？人类为什么会这样？我们教育在其中应承担什么样的责任？也许有人说，都是当官的造的孽，发起战争的是你们，下令砍伐森林的是你们，批准办企业导致河流污染的也是你们。那么，当官的是谁培养的？是谁教育的？他们不是从天上掉下来的，而是从学校里出来的。一个人在学校所受的教育，从幼儿园开始，一直到小学、中学、大学，包括大学后的继续教育，对他的影响是巨大的。当然这种影响不一定是某一个老师、某一所学校给予的，而是整个社会的价值观在学校的体现。从世界范围来看，文艺复兴时的那种人文精神在今天没有得到发展，而是断裂了，因为许多国家的政治、经济、军事的竞争，依然白热化。这些国家，在培养人才的时候，越来越注重人才的政治、经济价值，而忽视了人本身的存在价值，大家越来越多地把人当作一个工具，而不是把人当作人。

在 20 世纪初，我们听到了一点民主教育的声音，听到了一点人文主义教育的声音，听到了永恒主义的声音，听到了要素主义的声音。这些是教育哲学的几个重要流派，所有的这些流派，都有一个共同的特点，就是强调教育要重视人文，要把人类永恒的东西、人类的经典、人类的不懈追求，传递下去。什么是教育？从某种意义上说，教育就是人类文明的传递，让下一代的人比上一代的人更有教养，更加文明。但是，苏联人造卫星上天以后，以美国为代表的西方国家，开始重视科学教育，科学主义观

这种影响不一定是某一个老师、某一所学校给予的，而是整个社会的价值观在学校的体现

点、结构主义理论、高效率理论成为教育的主导潮流。各种各样的主义，都是打着科学精神和科学主义的旗号，打着为了民族生存、为了经济繁荣的旗号。大家恰恰忘了，人文和科学是社会发展的两翼，缺一不可。一旦失衡，社会就会失衡，人类就会失衡。20世纪就是教育失衡的世纪。我不知大家是否同意我的观点。

在课堂上，有多少老师真正用心在培养学生的人文精神？我们是不是让孩子沉住气去读一部经典，让经典去滋润他的心田？很少。20世纪是远离经典的世纪，《巴黎圣母院》有多少中学生看过？它可以引导人们区别美丑，把握善恶。《安徒生童话》有多少小学生读过？它会告诉你什么是同情，什么是善良。孔老夫子的书有多少人读过？那是我们中国文化的根。在场的教师有没有去读苏霍姆林斯基和陶行知？没有这样的文化的滋润，你很难把人文的东西传递下去。我们每一个老师在课堂上不仅仅要把知识、概念教给孩子，更重要的是，要把文化、文明的理念传达给孩子。另外，经典能承受人类文明之重，让文明能延续，让文明能发展。人文教育有一个重要的方面，就是善待生命，包括善待一草一木的教育。我们在这样一个时代，应该崇尚什么，应该追寻什么，都是很值得研究的。怎样把人类文明、人类的优秀文化传给我们的孩子，要从教材改革做起。对于这样的问题的思考，我们每一个老师都有责任。

我曾写过一篇文章，题为"呼唤走进孩子心灵的教育"。我提出了一个观点：德育的关键是培养德性。现在有些人可谓"缺德"。德性的养成跟知性的养成不一样，而我们常常用培养知性的方法来养成德性。德育大纲化，德育课程化，德育系统化，讲的是条条框框，言之成理，但收效甚微。人的德性的养成，至少有三个基本规律。

第一，人要活动。自然的活动、自主的活动可以帮助孩子们养成德性。在课堂上让孩子们玩游戏就很重要，因为人的德性，不是从学校中学的，不是从课程中学的，而是在玩中、在游戏中、在家庭中养成的。在游戏的时候，大家都遵守规则，凡事民主协商，这比你在课堂上讲一万遍要遵守规则有用。为什么？他不遵守规则，他就会受到游戏伙伴的指责，他就没有人缘，他就没有游戏伙伴，大家就不理他。孩子最痛苦的就是别人不理他。《小学教师》中那个孩子最痛苦的是其他的孩子不理他。有些孩子老师看不起，但在小伙伴眼里却是孩子王，他从其他孩子那里得到了快乐补偿。活动不是刚性的，但这样的方式却有效。记得一位驻北京的美国记者曾就中美教育问题作过评论，其中就提到过爱国主义教育的方式。美国的教育不会直接说"你要爱国，你要捍卫美国，你是美国人"，他们的政治教育是软性的，讲究潜移默化。我经常说，权利、责任、义务，很多东西，自然而然地就会在游戏中学到。我年少的时候，家中兄妹三人，我是哥哥，后面两个妹妹。像做家务，扫地、洗衣服、洗碗，根本不用父母亲去分配任务，反正活在那儿，就你们三个人干。我们毫无疑问，民主协商，我扫地，大妹妹洗衣服，小妹妹洗碗。有时妹妹也会帮我扫地。什么时候呢？我讲故事给她们听的

权利、责任、义务，很多东西，自然而然地就会在游戏中学到

时候。我甚至也讲故事给邻居家的小孩听，让他来帮我扫地。他们帮我干活，我就要奖励他们，给他们讲故事。当然，如果有好吃的，我也会说，你们帮我干活，给你们吃。吃东西时，小妹妹多吃一点。当哥哥的要保护、帮助妹妹，他有这个义务。就这样我们可以慢慢地、自然而然地学到一些做人的道理。现在的孩子都是独生子女，没有这样的机会。他只能通过游戏去获得。他怎样形成德性？有些家庭非但不能培养孩子的德性，反而在做反面工作——不让孩子做事情。孩子一定要活动，能力只能在活动中形成，在教室里是不能培养能力的。你只有搞了大量的活动——演讲比赛、读书比赛、文艺活动、体育活动，才能不仅培养能力，培养德性，也培养人文。

第二，人要读书。人在活动中形成的体验，只有通过读书才能找到共鸣，才能上升到理性认识。孩子们读书是相当重要的。我们想搞一些真正适合孩子们读的书，所以组织了国内外的一些教育专家，包括科学家、院士，选编了一套《新世纪教育文库》。小学生有 10 本、20 本的基础书，也就是必读书，其中有一本小学生的《中华经典诵读本》，编得很不错。那里有管子的名言、老子的名言、孔子的名言，有著名的唐诗、宋词、元曲，古典文学的精华都在里面。中学生的推荐书中有一本《英文名篇诵读本》，我希望学生能好好读读，里面有名言、谚语、诗歌、散文、优秀的文献，你要了解西方的文化，你要用英文写作，这些少不了。教师培训也应该从读书开始。浏阳市最近开展了用 5 年时间让教师读 20 本书的活动。今年的 4

本，一本是苏霍姆林斯基的，一本是陶行知的，一本是林崇德的，还有一本是《我的教育理想》。用 5 年时间认认真真、扎扎实实地读 20 本书，这对教师的影响将会是巨大的。一个不读书的教师，和一个不读书的学生一样，都不可能成为一个有人文精神、有良好的德性的人。当然，我们不是说不读书不识字品德就不高尚，我们也承认有些熟读四书五经的人暗地里干了不少坏的勾当。但一个文盲充斥的国度是不可能进入文明时代的。优秀的教师无不爱好读书。我的博士生李镇西原是成都石室中学的普通语文老师，通过自己的努力成为名师，他全靠两样——读和写。他把能够找到的苏霍姆林斯基的书都看了，把能够找到的陶行知的书都看了。一个中学老师能把苏霍姆林斯基和陶行知的所有的书都读完，有这样的恒心的人不多，所以他能成材。他在《人民教育》上发表了一篇文章，讲了他成材的经过，从教育的浪漫主义，走向教育的现实主义，再到教育的理想主义，其中就讲了他是怎样读书的。他编了《李镇西教育文库》，包括《爱心与教育》、《走近心灵》、《从批判走向建设》，每一本都反响强烈，真是可敬可畏。

第三，人要培养才艺。过去我们过多地把才艺看成一种技能，吹拉弹唱，琴棋书画，如此而已。其实，才艺对一个人的精神的丰富非常有好处，而丰富的精神生活自然对德性发展有好处。一个绝大部分时间被健康生活情趣占领的孩子，就没有时间沉迷于电子游戏，没有兴趣沉迷于网上聊天，没有精力沉迷于不良网站，可现在的孩子远离

一个文盲充斥的国度是不可能进入文明时代的

了才艺。有人说现代教育远不如古代科举，这话是过了，但古代科举制度虽然摧残人才，然而古代的文人秀才一般都是才艺上的多面手。我们现在的孩子就缺少这个大环境。在幼儿园时，孩子们还写写画画，唱唱跳跳，但到小学时，大部分家长都让孩子停掉了。到了中学，孩子们的才艺训练差不多被斩尽杀绝。学校要努力给孩子们提供艺术熏陶的机会，要将才艺看成一个重要的教育组成部分。

三、中国的教育缺个性特色

我经常开玩笑说，我们现在是打着全面发展的旗号，干着全面不发展的勾当。上帝让每一个人来到这个世界的时候，彼此都是不一样的。不同的面貌、个性、特长，使这个世界变得色彩斑斓。但教育似乎要和上帝对着干，把每一个应该不一样的人，培养成一样的。我们用标准的大纲、标准的教材、标准的评价、标准的考试规范学生，不允许不一样，不鼓励不一样。这是我们教育的最大的缺陷。事实上一个人要取得成就，就必须有自己的特色；一所学校要有影响，就必须有特色；一个地区要发展，也只有特色鲜明，才能真正有立足之地。历史常常不承认苦劳，而只承认功劳，只承认特色。

美国《时代周刊》喜欢对全世界说三道四，但它在2001年做了一件令苏州人开心的事情。它评选了世界上九大新兴科技城市，苏州是亚洲唯一入选的城市。我国很多著名的城市，如深圳、大连、青岛、上海、北京都没入

教育似乎要和上帝对着干，把每一个应该不一样的人，培养成一样的

选，而小城苏州却入选了；亚洲有很多著名的城市，如东京、汉城等，也没有入选，而中国的苏州入选了。苏州算不上最富裕、最发达，但她有属于自己的特色。她把古老的文化和现代科技非常完美地结合在一起，一体两翼的城市格局、精细秀美的工作方式、深厚的历史文化积淀及比较发达的现代文明使之成为工商业投资的首选城市。世界五百强企业在苏州建立了180家大型公司，这儿聚集了9000多家外资企业，外商投资总额已经超过400亿美元。

《时代周刊》还评选过世界上最好的10所学校，这在《我的教育理想》中我已经有所介绍。没有一个学校说自己学生的考试成绩居全州或是全国第几。在有些国家，人的考试成绩本身是他的隐私，是要保密的。学生可以到考试中心去要自己的成绩，然后寄到他想要上的大学。我经常这样问一些名牌学校的校长：学生成绩好全是你们的功劳吗？在小学、在初中、在幼儿园，还有在家庭里，他们受到了良好影响，到哪里读书都会考得出色。把你调到生源最差、条件艰苦的学校去当校长，你还能教出同样的应试成绩？我曾对苏州工业园区一所新办学校的校长说，不要跟别的学校攀比应试成绩，做到这样几条，学校保证会办得成功：第一，你要承诺经过数年教育，所有的学生都有良好的口才。说话的本领其实很重要，要言之有物，要有辩才，要有口才，这也需要训练。要让那些腼腆的、胆小的孩子变得落落大方、口若悬河，中国人讲一口标准的国语，对西方人说一口流利的英文。第二，把学生的计算机本领教好，让他们成为电脑玩家。我说的是电脑玩家，不是电脑专家，因为孩子们还是要玩啊！在网络世界里，能够纵横驰骋，但又能自控。第三，要让所有的学生听上 100 场报告。在苏州工业园区有数百家企业，成功人士荟萃，每年请上十几个来作作报告应当没有问题吧？此外，还可以请学生家长，请成功教师。可以想象，一个孩子在他成长的过程中，能够听到 100 场精彩的报告，对他的人生影响一定会很大。有时候一句话就能改变人的一生，一本好书就能改变人的一生，何况他听了 100 场好的报告！这些人是怎样创业的，公司是怎样发展的，学生会很感兴趣，因为这是活生生的故事、活生生的创业史。学校不需要花钱，企业家很愿意宣传自己的企业精神与文化。不仅不要钱，他们也许还会为学校捐赠。第四，要读 100 本好书。你做好了这四条，你不抓升学率学生也不会差。教育的目的是让学生有自我教养的能力，是不教之教。离开老师还会努力，就是教育的成功。我们有些老师只认"教"字，满堂灌，连自习时间都占下来，这样教出的学生怎么会思考？

一个教育学者最大的幸福是他的观点有人理解，有人分享，有人愿意尝试。当科学性的建议不能被广大教师接受的时候，不能转化成生产力的时候，不能转化成活生生的教育事实的时候，我们真的痛苦，发自内心地痛苦。

当然，我很高兴自己的一些想法，特别是关于特色教育的想法，有不少学校在努力试着去做。苏州有一所农村小学，几乎每个老师、每个学生都能写出一手非常漂亮的钢笔字。它要求教师练书法，要求学生按照书法的要求做作业。我在参观这所学校时对学生们说，父母给了你人生第一副面孔，这是你无法选择的长相。但你们可以再塑人生的第二副面孔，那就是你们的一手好字。这副面孔的价值可能会超过第一副面孔，可能会影响你的一生。有人说，在电脑时代，写字的空间有限了。其实在电脑时代，一手好字更是稀缺资源，写的好字会更值钱。苏州还有一所中心小学，所有的学生都会两种以上的民乐，我给他们题字：得天下之英才，而乐教之。音乐是可以教养人的，我说我今生最大的遗憾就是没有好好掌握一门才艺，尽管我会吹吹口琴，但是一件能够上台面的乐器都不会。你想想，当你烦闷的时候，弹一弹琴，拉一首曲，多么令人舒畅！许多领袖都有才艺，克林顿的萨克斯管吹得动听，朱镕基的京胡拉得

音乐是可以教养人的，我说我今生最大的遗憾就是没有好好掌握一门才艺

精彩，李岚清的钢琴弹得娴熟……苏州还有一所学校，那儿所有的学生从一年级开始学写日记。孩子写了 6 年，差不多有两千多篇日记，在毕业时大家结集成册，由"学校出版社"出版，作者本人做封面，弄插图，然后本人保

存一份，学校保存一份，这是一笔巨大的财富啊！江阴市有一所小学也在做这项实验，它的第一本学生日记选集马上就要正式出版了。实验不过一学期，学生的进步就让很多老师感到惊讶。原本令人很头痛的写作变成了让人感到快乐的事情。特色教育对薄弱学校特别有效。还有一所中学，本来是苏州比较差的一所中学，校长就任的时候，跑来跟我讨论怎么办学。我跟他说，拼高考升学率你是肯定没有用的，你要根据学校的情况搞出特色！经过调研，他们学校将艺术作为特色，并将能请到的音乐名家、文学名家，包括大学教授，都请去给学生上课、开讲座。现在这所学校已经打出了自己的品牌。

不要强迫所有的学生都围绕着你的特色

当然，我们不要为特色而特色，不要让特色流于形式，不要强迫所有的学生都围绕着你的特色。我最欣赏上海建平中学的冯恩洪校长提倡的"合格加特色"。这适用于学校，也适用于学生。如果学校所有的人是同一个特色，那便不是特色。如果每一个孩子都有自己的特色，我们每一个教师都有自己的特色，那这个学校一定是充满活力，一定能不断成长与发展的。

四、中国的教育缺理想追求

从整个中国的教育现状来看，我觉得教师们往往缺少了一点诗人的气质，缺少了一点生命的追求，缺少了一点青春的活力，缺少了一点创造的冲动，而这一切都与理想有关。一个没有理想的人，不可能走得很远。一个没有理想的学校，也不可能走得很远。一个没有理想的教育，更是不可能走得很远。教育在本质上就是一个理想的事业。作为一个教师，他应该有自己的追求。一个有追求的教师和一个没有追求的教师，其生活的方式是相差非常之大的。

一个没有理想的教师，只会把教师作为一个职业；一个有理想的教师，会把教师作为一个事业。职业是谋生的手段，是为了养家糊口。把教师作为职业，虽然有标准，有规范，可按照规范或规定去做，却很难有奇迹。一个教师书教了1年，然后很可能重复29年，他按照那些少得可怜的经验，拿着教育的旧船票，不断地重复昨天的故事。这样的人怎么可能走到教育的彼岸？事业是没有止境的，只有充满热情、不断创造、不断创新的人才可能成功。这样的老师，哪怕只教了5年书，他对教育的理解及他的成就很可能会超过教了30年的老教师。我们也就不难理解，为什么有些年轻的教授比年长的教授有成就，这就是理想的问题。

我最近出版了一本《新教育之梦》，这本书的序叫"梦想成真"，它讲到过一个发生在英国的故事。一个幼儿园的老教师，在打扫尘封的阁楼的时候，发现了一个小包，包里装的是他从前的学生们所写的关于自己的梦想的集子。那是几十年前的事了，这个老教师突发奇想：应该把这些梦想还给孩子们。于是，他就在当地报纸上登告示，让那些昔日的学生来取回他们童年的梦想。他花了差不多一年的时间，才把大多数的梦想对号入座。当年有人想做王妃，有人想做教师，有人想做明星，有人想做模特；而现在，很多梦想实现了，也有没有实现的。最后，只有一个叫戴维的没来认领。正当老教师想把这个梦想送到一个私人博物馆时，他收到了一封信。来信的人是英国的教育大臣，他说，你不用找了，那个叫戴维的人就是我，我已不需要那张纸片了。从我有这个梦想开始，就没有一天、没有一刻停止过自己的追求。现在我终于实现了儿时的梦想——我成了英国历史上第一个盲人教育大臣。此时，我想告诉我儿时的伙伴们，我想告诉我的朋友们，告诉我们的老师们，只要你不断地努力，你就能够梦想成真。

是的，只要你有梦想，只要你为之付出努力，假以时日，你定能成功。为了帮大家做梦、圆梦，我开了一个教育成功保险公司。我承诺，无论你是投一元钱的保，还是投一万元钱的保，我都以十赔一，你不成功你找我索赔。你的义务只有一条：每天都要记住你的梦想，每天都记录下你为成功之梦所想的、所做的，每天写篇千字左右的教育反思。10年以后，你觉得自己在事业上没有取得应有的成绩，我一定理赔。我赔了本也心甘情愿，为中国教育出现了更多的追梦人，我欢欣鼓舞。我担心的不是赔本与否，而是绝大多数教师是否能做到。有理想且持之以恒真的很难吗？请大家不妨试试！只要你胸怀理想，只要你追求卓越，只要你耐心去坚持，我相信你就能成功，中国的教育就有希望。我也相信总会有那么一批追求理想的教师，中国教育在他们的不懈努力下会一步步走向辉煌！

当然，中国教育所缺少的不只是这些，但上面四点是基础的，也是我们每个人都可以做点什么的地方。

教育需要激情，需要全身心投入与无私奉献；

教育需要诗意，需要洋溢着浪漫主义的情怀；

教育需要机智，需要把握每一个转瞬即逝的机遇；

教育需要活力，需要以年轻的心跳昂奋地工作；

教育需要恒心，需要毫不渝怠地追求与持久探索……

朱永新《教育的理想与理想的教育》

新教育实验的理论与实践

2005 年 4 月·山东诸城

这次到山东，是被陶继新老师感动来的。看过陶先生的许多文字，一直为他的人文情怀所感动。他也长期关注新教育实验。关于新教育实验，《人民日报》和《中国教育报》先后刊登了他撰写的《新教育实验，塑造理想的人》等文章。所以，他请我，我不能不来。

去年 4 月，《南风窗》杂志刊登了封面文章，题为"新希望工程"。文章认为，"希望工程"是在物质层面解决中国教育的匮乏问题，而新教育实验则是在精神层面解决中国教育的匮乏问题。最近，《北京青年报》、《解放日报》等媒体也开始高度关注新教育实验的进展。有人说，新教育实验不仅成为一个教育现象，同时也成为新闻现象。陶老师让我讲一下新教育实验的理论与实践的问题，我就做这个命题作文。

一、梦想与反思：新教育实验的缘起

今天我讲的第一个话题是关于新教育实验的起源。记得在 1999 年，我读过一本《管理大师德鲁克》。彼得·德鲁克以其在管理学方面的卓越贡献及深远影响被誉为"现代管理学之父"，被尊为"大师中的大师"。彼得·德鲁克于 1909 年出生在维也纳，后来移居美国。1950 年元旦，德鲁克和他的父亲去探望他的老师熊彼特，当时熊彼特已处于弥留之际。熊彼特对德鲁克父子说："我现在已经到了这样的年龄，知道仅仅凭借自己的书和理论而流芳百世是不够的。除非能改变人们的生活，否则就没有任何重大的意义。"这句话成了德鲁克后来衡量自己人生成败的基本标准。同样是这句话，给了我发自心灵的震撼。我清醒地意识到，做一个纸上谈兵，而不能走进真正的教育生活，不能影响普通教师、学生的学者，不是我的目标。我决心边学习，边实践，边研究，从一个知识学者过渡到行动者。当然，这不是一件容易的事，难的不是理念上的转变，而是思维习惯与情感方面的转变。

也是在这一年的暑假，我在美丽的太湖之滨做了一个关于理想教师的讲演，我自己也被感染了。后来，常州武进湖塘桥中心小学邀请我到校指导，我将自己对学校的理解、认识及思考与老师们进行了沟通，如我理想中的学校、校长、

我决心边学习，边实践，边研究，从一个知识学者过渡到行动者

教师是什么样的。这些观点得到了较大的认同。2000 年，我将自己的一些观点整理成《我的教育理想》一书出版，受到教育界的广泛好评。很多教师跟我讲，朱老师这本书点燃了我们心中沉睡已久的教育理想和教育激情。记得山东的一位校长买不到这本书，就复印了 100 本，回去发给他们学校的老师看。另外，湖南的一个县买了 6000 本并邀请我去作讲演，我去后才发现他们居然买了盗版书。但是我也听到了批评的声音，有人说我的观点过于理想化，这些要求与想法在应试教育的背景下很难实现。我想，既然大家认为我这些理念是对的，是值得我们追求的，为什么又那么困惑，为什么又无法去做呢？也许任何制度、任何现实都有改善的空间，教育的最大智慧，就在于寻找这个空间。其实，只要我们努力，只要我们用心，都可以探索出一些办法，只不过我们没

有找到真正的空间在什么地方，没有找到怎么样有效地行动，所以我继续思考这些好的理想和理念到底应怎样去变成行动。

2002 年，终于有了两个很好的契机。

第一个契机，是2002 年 6 月 18 日，"教育在线"网站正式开通。这个网站的诞生非

常有意思。我曾是一个反对上网的人，觉得网络比较虚拟，可能会浪费大家的时间。我的博士生李镇西喜欢"混迹"在各大论坛，我批评过他，觉得他应该花时间好好读点书，不要花那么多时间去上网。但他对我说，在信息化的现代社会，一个好的学者如果不懂得利用网络学习与传播较新的理念，就不是一个现代型的教师。后来，李镇西与苏州的一批青年学者打动了我，于是决定自己办一个能凝聚优秀教师的网站。

2002 年 6 月 18 日，网站开通。它的发展远远出乎我们的意料，我们一天天见证它的点击数突破十万、百万，见证它的注册会员过千、过万。这个网站很快成为中国教师的精神家园，一大批优秀老师在网络上成长起来。一些平凡的甚至平庸的教师被点燃起教育理想并快速地成长。记得我在网上写了一篇《朱永新成功保险公司开张启事》，呼唤老师们阅读、反思、写作，一大批老师开始"投保"，在短短一年的时间内我们看到了不少可喜的结果。如江苏苏北盐城村小的一个数学老师，在一年的时间里，几乎每天都在网上记录自己的生活，反思自己的教学行为。这位从前几乎没有发表过文章的数学老师，仅一年就有数十篇随笔、论文见诸各类报刊。再如山东的于春祥老师，他很快在网上开辟了自己的专栏"春祥夜话"，每天晚上写下自己的工作体会及思考。现在他的著作《用脚做梦》已正式出版。他本来在教研室工作，为了更好地做新教育实验，主动要求到基层担任校长，用新教育来推动学校的发展。

还有一个比较典型的例子。一位中学老师何一萍（网名是寒烟）考取了教育硕士，她的孩子在海宁读六年级。她自己想要读书成长，也想让孩子共同成长，于是她就把孩子也带到网上来，要求孩子每天在网上写日记。孩子的主题帖叫"听601唱歌"。"601"是指六年级（1）班，是孩子所在的班级。母女二人把自己身边每天发生的故事、自己读的书写下来，最近她们的一本《成长方程式》将正式出版。

促进老师快速成长的管道是存在的!

在网络上成长起来的也有一些十分繁忙的高三老师，如深圳育才中学的红袖，真名叫陈晓华，他是"教育在线"的资深版主，也是高三年级的班主任兼语文老师。一开始，他以个人的名义参加新教育实验。他的主题帖是"守望高三的日子"。从2003年8月底写到2004年6月，这一年在班级发生的故事、他和学生的交往、他的困惑与欣喜，他都原封不动地写下来，学生也通过这个主题帖与老师交流，一年下来，班级取得了非常丰硕的成果，许多孩子考上了理想的大学。陈晓华把这一年的帖子整理出来，出版了《守望高三的日子》一书。"教育在线"上还有很多感人的故事，这个虚拟的网络成就了很多的英才。于春祥老师写过，"教育在线"已经成为中国最大的教育学院，没有哪个教育学院有这么多的学生，也没有哪个教育学院能在那么短的时间内培养出那么多优秀的教师。

沉甸甸的收获，让我看到这样一个事实：促进老师快速成长的管道是存在的！"教育在线"让我找到了接近教师、走近教师、影响教师、与教师交流的平台，找到了通过网络去改变教师，改变教师行走方式的路径。每天早上当我打开"教育在线"，很多短消息就会跳出来；打开我的信箱，很多教师的信就会发过来。我结交了不少教师网友，与网友们见面成为我外出讲学的重要安排之一。我敢说我知道教师们在想什么，我了解他们的感受、他们的生活境遇、他们的喜怒哀乐。我常说我不是中国教育界最有学问的人，但我是与教师们走得最近的人之一，近到可以听到他们的呼吸声。

第二个契机是玉峰实验学校的加盟。2002 年 6 月，我又出了一本小书——《新教育之梦》。这本书出版后，有人提出疑问和批评。他们说朱永新过去讲理想，现在他说梦话了，说明他对他自己没信心了。这对我是一个很大的刺激。我决定走进学校，证明自己。我开始认真思考，我的教育理念中到底哪些最可以变成行动。一开始我与我的团队提出了五个行动，并计划找一所学校来进行实验，这时昆山玉峰实验学校主动请缨。我知道，要实验不能找太好的学校，也不能找太差的学校，前者如果有成绩，人家会说它本来就好，不需要实验；后者往往又缺乏有思想、有激情的校长配合，所以新学校是最佳的选择。玉峰是 2001 年新创办的一所公办民助学校，它当时算不上最好的学校，没有太多的办学基础，但学校的设施及师资都不错。于是，新教育实验走进了昆山玉峰实验学校，我多次在玉峰跟老师、跟父母们一起座谈，在全校的大会上进行动员。昆山市教研室副主任储昌楼老师将不少资料同时发到网上，后来一些校长看到后，希望一起做。他们说："你这几件事情特简单啊，不就是读读书吗？不就是在网上写自己的故事吗？不就是聆听窗外的声音吗？这些事我们都可以做啊。"我说："好啊，那就大家一起做吧。"于是，几十所学校加入到新教育团队中，只是一开始管理还是比较松散的。

2003 年 7 月，我们在玉峰实验学校召开了全国新教育实验的第一次研讨会。这次会议原计划 300 人的规模，结果来了近五百人。当时有报道说这是一次"中国教育的丐帮大会"。之所以说是"丐帮大会"，是因为自费参加的人较多，会议的组织是民间的，没有行政参与。一批有激情、有理想的学校来了，其中有不少来自农村的困难学校。这一年的会议开得很成功，这振奋了我们的精神。2004 年 4 月，我们在张家港召开新教育实验的第二次研讨会，此时我们的课题已被批准为教育部"十五"教育科学研究重点课题。这次会议成了课题开题会，包括陶西平先生在内的一批知名的专家、学者都来了。陶先生说："新教育实验会像一条鲇鱼一样把中国教育这缸水搅起来！"

> 当时有报道说这是一次"中国教育的丐帮大会"

2004 年暑期，由翔宇教育集团承办，我们在江苏宝应县召开了新教育实验第三届研讨会。2005 年 7 月，四川成都盐道街外语学校将承办新教育实验第四届研讨会。我们还计划在 2005 年 12 月份由吉林第一实验学校承办新教育实验第五届研讨会，专题讨论新教育实验的最关键的问题——教师的专业发展。

新教育实验从目标上来说有四个方面。

其一，改变中国学生的生存状态——成为学生享受成长快乐的理想乐园。孔老夫子的《论语》开宗明义第一句就是"学而时习之，不亦说乎"、"有朋自远方来，不亦乐乎"。然而，中国学生的生存状态是非常糟糕的，现在大部分学生感受不到学习的快乐，享受不到成长的快乐。天津有位老师告诉我，有个学生学习很差，常挨老师的批评、父母的打骂。老师找他谈话，他反过来对着老师把桌子一拍："他妈的，这学习是谁发明的，老子不干了！"那么，学习也好，教育也好，能不能让我们的学生真正享受到成长的快乐？我觉得这是我们要追求的一个很重要的目标。

其二，改变中国教师的行走方式——成为教师实现专业发展的理想舞台。教师的发展问题，应该说是整个新教育实验最重要的基点。我记得在一所大学作报告时曾有一位老师问我："朱先生，新教育实验的逻辑起点是什么？"当时我脱口而出："是教师！"我说，新课程的逻辑起点是课程，它是通过课程的变革来改变教育，基础是课程。叶澜教授的新基础教育的逻辑起点是课堂，她提出让课堂焕发出生命的活力。我说新教育实验的逻辑起点是教师，因为只有教师的发展才能带动学生的发展，只有教师的成长才能带动学生的成长，没有教师的快乐就永远不可能有孩子的快乐。实际上，孩子不快乐的一个很重要的原因就是教师不快乐。在传统的教育观里，教师是工具，是帮助学生成长的工具，他的使命就是燃烧自己去照亮别人，最后成为灰，"蜡炬成灰泪始干"。教师自己没有价值，或者说，教师的价值没有一种直接的呈现方式，就是通过学生的成绩来反映的。教师不能通过自身的价值来展现成功，不能在教育过程中享受职业生涯带给自己的快乐和幸福，这样怎么能享受到教育的幸福！所以我说，应该让教师与学生一起成长，享受教育的幸福，这是教育中最重要的目的。

不知道大家有没有看到 2004 年第 7 期《人民教育》，它封面上的三个人物都是我们新教育实验的老师，一个是张向阳，一个是沙洲小学的校长陈惠芳，还有一个是玉峰实验学校的普通教师吴樱花。它认为新教育实验的最大功能是改变了中国教师的行走方式，让教师在成长的过程中享受到教育的幸福。这也正是我们要追求的境界。

其三，重塑中国教育的人文精神——成为学校提升教育品质的理想平台。前几年我曾写过一篇文章，叫"中国的教育缺什么"，其中谈到的一个"缺"就是"缺人文关怀"。"人文关怀"是个很大的话题。"人文"，实际上就是"人"和"文"的合成，第一，是从人的角度来说，整个教育，是不是关注人、关心人、关怀人的成长；第二，文的层面，是否关注文化的传承，是否关注文明的延续，是否关心和关注文化和文明的发展。这两方面你做好了，就是具备了人文情怀。但是我们的教育太缺少人文精神、人文的情怀。

今年"两会"期间，我写了一个提案，要求取消高中阶段的文理分科和高考的文理分科。在这之前我写过一篇文章，说文理分科是中国教育的毒瘤。为什么我反对文理分科？一个重要的原因是，文理分科讲起来是减轻学生负担，免得既要学文又要学理，实际上是加大了理科的难度，是对所谓科学的重视、对人文的轻视。文理分科制造的第一批失败者是选文科的学生，他们往往是数理化学不下去才选了文科。我的孩子非常喜欢文科，可他不愿意学文科，他说："老爸，学文科会被人瞧不起，人家学习成

在这之前我写过一篇文章，说文理分科是中国教育的毒瘤

绩好的都是学理科，我为什么要学文科？"所以他要考理科。我一直就呼吁取消高中和高考的文理分科，降低理科难度。实际上中国学生所学的理科太深了。有人说，不这样怎么能保证我们的理科水平？我说奇怪了，美国中学的理科难度并不大，可美国为什么会出现那么多的诺贝尔奖获得者？可以说，不注重教育实际，为了少部分人的成功而设计的教育制度，是 80% 的人在陪 20% 的人读书的教育制度，是怂恿全国的学生要进北大进清华的教育制度，这个制度实际上是荒唐的。我主张大幅度降低理科考试难度，那种天才学生、学有余力的学生可以利用假期选修大学课程，这是国外通行的做法。我主张奥赛完全和中学脱钩，交给大学去做，大学可以在全国范围内培养奥赛的学生，这部分人在中学里就可以选修大学的学分，甚至到大学两年就能拿到大学的文凭。否则，文理分科造成了文科学生自己瞧不起自己，把文科学生的积极性从根本上给毁灭了。

我们不能不承认，孩子们走向社会后更有用的是人文知识。你看，在社会上最有用的是什么方面的知识？是历史、地理、管理、法律等等，这都是非常有用的知识。我不是说理科知识没有用，理科知识也同样很有用。但在日常生活中，对大部分的普通人来说，人文的东西更重要。我们的整个教育制度是有些问题的，这造成了我们整个学校制度里缺少了人文内涵。

所以，我们的新教育实验特别重视让师生与崇高的人文精神对话，重视师生人文精神的塑造。我认为，一个学校如果没有人文精神，是没有品位的，你有再好的成绩，也就像一个企业的老板。你可以很有钱，但存钱再多，要是没文化，也是没品位的。你的级别再高，你没有品位，也是被人瞧不起的，难登大雅之堂的，而且你最终是没有生命力的，这是毫无疑问的。

其四，打造中国的"新教育共同体"——成为教育的精神家园和成长的理想村落。所谓"新教育共同体"，就是说，我们开展新教育实验，不是让一个个教师、一个个学校孤立地去做，而是要让更多的学校一起来探究。张荣伟博士正在做一篇《论"新教育共同体"》的论文，他关注了所有实验学校的成长历程，关注了参与者是怎么研究、怎么行动的。新教育实验不是我朱永新创造的，我充其量只是个牵头人，我只是一开始提出框架、理念，包括几个行动，我告诉大家，所有的学校一起来探索，来实践，我总结大家所做的东西。我想，新教育共同体，今后应该是相互支持、相互提携、相互帮助的一个共同体。

我曾对清华附小的赵校长说：你们学校的资源那么丰富，一校独享太奢侈了。清华那么多的名教师，那么多的院士，你可以每个星期请一个院士或者名教师到学校给孩子们讲他们的故事，你把他们全部录下来整理好，这样，我们所有的实验学校就可以一起分享了。这个财富就不仅仅属于你们学校了，当然其他学校的财富你也可以一起分享。我们想象一下，如果在小学的 6 年里能听 100 场清华院士的报告，了解他们人生成长的历程，可能比在课堂上的收获还要大。

　　今年我们在江苏省姜堰市召开了"建设数码社区"的全国研讨会。在会上，我们提出新教育共同体的资源建设问题。下一步，专家会指导所有的学校建设自己的主题资源网站，如某个学校就专门建小学三年级或小学一年级的某一个主题，其他学校可以把有关的资料，如备课、教案等全部发给这所学校，由他们来整合、整理。这样，就在"教育在线"的平台上建设了一个大的资源平台。比如说，关于鲁迅的资料可以集中到你们诸城中学，那么诸城中学就应该是全国最丰富的鲁迅资料网站。不少中学语文老师都听说过著名网站"三槐居"，可以说它是目前中学语文方面最好的网站，它是江省盐城中学的几个老师创办的。上海的"惟存工作室"重点是整合优质资源，创办者也是我们课题组的重要成员。

　　网络是可以聚集人才，挖掘人才的。云南有个老师，网名叫滇南布衣，生活在中国的贫困地区，他现在是"教育在线"小学教育论坛的斑竹。这个老师以前甘于平庸，爱好抽抽烟、喝点酒、上网玩游戏，还结交些三教九流的朋友。一个偶然的机会他走进了"教育在线"，他自己说当时一下子被震撼了，于是开始在网上"安家"，后来申请做斑竹。我们曾担心，他作为贫困地区的一个农村小学教师，能否有时间、有经济条件来打理好论坛？没想到，他后来做得非常出色。2002年10月1日，"教育在线"召开首次版主大会，他应邀来苏州。临行时，他母亲怎么也不同意他来。他母亲说，你千万不能上当，网上还能有什么好人哪。他对母亲说，中国有那么一群对教育有那样的热情、对教育的理解有那么深刻的人，即使他们是骗子，我也情愿上他们的当受他们的骗。结果，他就扛着一大包当地出产的普洱茶来参加会议。他到苏州开了一天的会，却没有留下来参加第二天的参观活动。他要赶回去，学生们在等着他，因为他要乘 16 个小时的汽车和 36 个小时的火车才能回到他自己的学校。当时他的学校只有 12 个孩子，从此这 12 个孩子得到了网站全体网友的关心，后来镇教委把他调到中心校，负责全镇 8 个学校的网络建设。

二、人本与行动：新教育实验的理念

新教育的理论渊源

"新教育"三个字可以追溯到欧洲工业革命时期。英国教育家雷迪不满当时脱离于生活的教育，提出了要为新兴的资产阶级、新兴的工业化生产培养人才（当时工业化革命刚刚开始），培养适应新形势的人才，有个性的、有一定技能的人才。他提出了"新教育"的概念，并创办了一所实验学校。这个学校办起来后很快就引起了教育界的关注。像巴德利、怀德海、沛西·能、利茨、德摩林、德可乐利及爱伦·凯等，他们是当时国际上很有影响的教育家，也都在自己的国家创办新教育学校。这些新学校在很大程度上改变了传统的欧洲教育理念，这在《欧洲新学校》一书中有专门介绍。

欧洲的教育很快就传播到美洲，特别是和美国的进步主义教育运动汇合在一起，对杜威的思想产生了很大的影响。杜威的思想对我国的现代教育产生了深远的影响，因为陶行知先生就是杜威的学生。以上这些教育家都曾把当时探索的教育方式命名为"新教育"。陶行知提出的生活教育观实际上就是新教育观，陈鹤琴提出的活教育实际上就是他的新教育。总之，在变革的时代出现的教育多少都会烙上"新教育"的印记。

当代出现的两个重要的教育改革——新课程改革与新基础教育，和新教育实验都有着非常密切的关系。新课程是中国教育的"大哥大"，是通过行政力量自上而下推行的教育改革运动，尽管目前还面临着一些困难、困境，甚至一些挑战（这次"两会"期间也有著名学者对新课程改革提出质疑，特别是数学家姜伯驹。他非常不客气地说今天的改革从数学理念上来说就是错误的）。但是，在另一个层面上看，新课程改革的价值取向——教育民主、国际理解、回归生活、关爱自然、个性发展等是正确的。它的核心理念——为了每个学生的发展也是很重要的。新基础教育，我称之为"大姐大"，因为叶澜老师是位女性学者。这个教育实验是以生命教育为主题，以课堂作为整个教育的基础，重视主动与互动，强调师生双方生命价值的实现。但无论是新课程改革还是新基础教育，都不能包揽中国教育的所有问题，除了课程、课堂的层面以外，教师的层面似乎更值得关注。新教育实验正是从关注教师成长的层面提出的。

新教育的创新特征

有人曾问我，新教育的"新"在哪里？也有人写文章质疑，说新教育实验并没有什么新东西。说真的，新教育实验的确没有什么新东西，因为我们只是整合了前人提过的理念，倡导着前人实践过的行动。在我们这个时代要提出前人完全没有提出过的东西非常困难，中国几千年的教育文明，老祖宗都说得差不多了，该做的老祖宗也都或多或少地做过。你说加德纳的多元智能是新的吗？是新的，但也不是新的，孔老夫子的思想里就有多元智能的成分。我很赞成这样一种观点：最好的教育就是返璞归真的教育，最好的教育就是以不变应万变的教育。教育的对象总是人，人有着最基本的人性特征和最基本的活动规律，所以教育也不能变来变去。教育，总有一些永恒的主题。在教育史上就有永恒主义的学派，它关注教育中那些永恒的主题，那些亘古不变的东西。那些往往是最重要的，也是的确存在的。比如说提倡"读书"，这是教育逃不了的话题。教育离开了读书就不叫教育。人类几千年来所创造出来的伟大的智慧都在书上，最重要的教育思想、教育规律都在教育家们的论述中体现出来了，要是把它丢在一边另起炉灶，那是舍本求末，是所谓赶时髦，是真正地违背教育规律。所以，新教育实验的创新特征可以总结为：

——当一些理念渐被遗忘，复又提起的时候，它就是新的；

——当一些理念古被人说，今被人做的时候，它就是新的；

——当一些理念由模糊走向清晰，由贫乏走向丰富的时候，它就是新的；

> 我很赞成这样一种观点：最好的教育就是返璞归真的教育，最好的教育就是以不变应万变的教育

——当一些理念被从旧时的背景转到现在的背景下去继承，去发扬，去创新的时候，它就是新的……

实际上，我们只不过是用我们这个时代的语言去阐释我们对过去的伟大智慧的理解，我们只不过是用我们这个时代的故事去实践那些大师的伟大的智慧。所以，真正做教育的人应该沉下心来，应该去重温那些伟大的教育智慧。新教育实验在一定意义上就是把那些最伟大的智慧和最伟大的实践进行整合的过程。所以，无论是新教育的理论框架，还是我们的价值取向、我们的行动策略，都是简单得不能再简单，普通得不能再普通的一些提法。

真正做教育的人应该沉下心来，应该去重温那些伟大的教育智慧

新教育的理论框架

1. 核心理念：为了一切的人，为了人的一切

我在《我的教育理想》这本书的序言里反复地强调，"真正的教育是为了一切人的教育"。过去传统的教育，不太重视学校以外的其他群体，它只是把上一辈人对下一代的教育看成是单向帮助的过程，这样的过程我觉得是不够的。实际上从成长的过程来说教育完全不是单向的，教师以及父母和其他所有的教育者在教育的过程中都是值得我们关注的，他们同时也都是受教育的对象，不仅仅是孩子在受教育，父母亲、老师也都在受教育。

在新教育实验中，我们除了提出"六大行动"以外，还在建设"新父母学校"。为什么没有叫"家长学校"，而叫作"新父母学校"？因为，至少我个人对"家长"这个概念是不太满意的。尽管社会上约定俗成，大家都在用，

但我反对叫"家长"。"家长"是个不太民主的概念，家长就是一家之长啊。在国外，是用"监护人"这个概念，孩子在没有成年之前，父母只是他的监护人，而不是家长，父母与孩子在人格上是平等的。父母的素质对孩子的影响是巨大的，实际上，我们在每个孩子的身上都可以看到他父母的影子，但是我们全社会的教育却把责任推给了教师。前几天我写了篇文章《我为教师说两句话》，我在这篇文章中提出：中国的教育存在着很大的问题，全社会的教育素养比较低，所有的父母亲都在为他的孩子做着清华梦、北大梦，而不考虑孩子的情感需求，不考虑社会的实际需要。看西方发达国家的课程结构，孩子们在中学阶段和大学阶段，都有很多关于家庭教育、家政等方面的知识，这可以帮助未成年人理解怎样做父母，让他们去体验怎样做父母。所以说，新教育实验的理念——为了一切的人，就是让所有的教育主体和客体，包括教师、父母、孩子等，都在教育的过程中共同成长。这是新教育实验最重要的主题之一。

最好的教育应该是为每一个人量身定做的

教育也是为了人的一切。为什么是人的一切？我们平时常说，每个人都是一个独立的个体，每一个孩子也是一个独特的个体。最好的教育应该是为每一个人量身定做的，最好的教育应该能让每个人的潜能、个性得到最大程度的张扬和发挥。那么，我们就不能用统一的标准要求所有孩子，我们也不能简单地提德、智、体、美、劳全面发展。事实上，在我们的教育过程中，有许多人是打着全面发展的旗帜，干着全面不发展的勾当。因为，无论是从我们教育的时间、空间、能力，还是从孩子的个性等方面来看，全面发展都不太可能。所以，最好的教育应该是最有个性的教育。新课程提出的态度、情感、价值观，似乎还不能反映我们教育的终极目标，所以，我们提出"为了人的一切"。

2. 目标追求：追寻理想，超越自我

新教育实验有两面重要的旗帜，一面旗帜是理想，一面旗帜是行动；一面旗帜是目标追求，一面旗帜是价值取向。

所谓追寻理想，就是要让我们进行新教育实验的学校、老师、学生都能够明确自己追求的目标，都能够为明天、为未来的美好生活去追求。这一点看起来似乎是空的东西，但事实上，当一个人、一个社会、一个孩子、一个老师没有理想的时候，虽不能说他是行尸走肉，但可以讲他是没有灵魂的人。只有理想才能够激发人去为明天而奋斗，只有理想才能让我们的生活充满激情。

昨天我们开课题组会议的时候，"书香校园"课题组负责人卜延中在大会上称"朱永新是个疯子，我们则是傻子。新教育实验就是一群傻子跟着疯子在行动"。我很欣赏"疯子"这个提法，因为做教育的人，如果没有一点"疯子"精神，如果没有一点义无反顾的情怀，是做不好的。做任何事情，没有激情你走不远，而教育是需要有激情的诗意的生活的。教师不是一个简单的哲学家，假如你把什么问题都看得很清楚，完全理性的话，你就不能去感染你的教育对象。教育是一个情感的过程，教师只有富于激情才能感染他的教育对象，从而让他的理念、他的知识更好地为学生所理解、所接受。所以说，你看那些最好的教育家、优秀的老师，如李镇西、窦桂梅、于春祥、苏静等，这些优秀的老师，哪一个是没有激情的？理想就是激情产生的最重要的源泉。所以，我们宣称，我们应该追寻理想，我们应该为未来的美好而生活，应该不断超越自己，基础差点没关系，只要你不断地追求，不断地去超越，你就会走向辉煌。

3. 价值取向：只要行动，就有收获

现在我们有很多的学校，包括一些所谓好学校，眼高手低，坐而论道，没有一种行动的理念和哲学。我一直说，任何事，只要去做，你就会有收获。做和不做，有质的区别。你不做，再有本事也始终是零；你做，再困难也总会有50%的成功概率，尽管会有50%的失败概率；你认真去做，努力去做，又多了50%的可能性。所以毫无疑问，行动者最后总是成功者，我们崇尚行动的哲学，看准的事情就认真做，努力做。

当然，评价成功的新教育实验的参与者，不是看你发表了多少文章，出版了多少书，这不是最后的衡量标准，我们衡量的是你有没有在行动，教师、孩子有没有在变化，有没有在提升。

4. 新教育实验的五个基本观点

观点一：无限相信学生与教师的潜力

人的潜力是巨大的，上帝让每个人来到这个世界的时候，都赋予每个人一个成功的机遇、成功的可能，每个人都应该而且可能做得最优秀，做得最卓越。我们看《千手观音》，假如不知道她们的背景的话，就很难相信这些舞蹈演员都是聋人，她们听不到音乐，只能用心去感受，这让我们普通的正常的人去做恐怕也不是件容易的事情。很多的故事告诉我们，任何一个人，任何一件事情，只要努力去做都有可能成功。

两个星期前，我到苏州一所爱心学校去，他们的学生差不多都是脑瘫儿，其中也有一些是智障人，智商较低。我们的教育目前还没有好的办法让他们成为正常的儿童。但是，最近一两年，我注意到，有的父母就不信这个邪，一直在努力，在逐步地让自己的孩子变成一个正常人。前不久，广西一位母亲通过努力把自己的脑瘫儿变成了正常的孩子，现在这个孩子就在普通学校读书。这位母亲为了帮助更多的智障人，就办了一所培智的学校。尽管办得很艰难，面临着破产，几乎把自己所有的家产都搭进去了，但她还是坚持着。更早些时候，我在《南方周末》看到了北京的一位母亲，陈女士，我后来专门为她写了一篇文章——《教育是一场持续的战争》。她的孩子已经 19 岁了。19 年来，母亲每年都写一大本的观察日记，孩子进学校后，她每年都有一本与老师的交流本。慢慢地，她让孩子学会了弹钢琴，学会了与人交往，医学宣布不可能的事情在这位孩子的身上都变成了可能。

所以我说，你要相信学生的潜力。如果我们不听苏静老师的课，你很难相信一个刚刚教了两年书的老师，她班上所有的孩子都能写诗。事实上每一个孩子都能够写诗，只不过你不是苏静，只不过是你没有苏静那样的信念——每个孩子本质上都是诗人。我最近正在编一本书——《教育的奇迹》，收集了一些这样的故事。千万不要对自己说不可能，凡事皆有可能；也千万不要对孩子说"不"，人人都可能成功。不仅对孩子，对老师也是如此。很多校长见到我总说，我们的老师基础太差，素质太差。我说，你千万不要有这样的想法。事实上，老师基础再差，都是可以成长的。我们新教育实验中就有许多关于教师成长的故事。例如，有个快要退休的普通农村女教师，她的学校参加了新教育实验。校长要求老师们读书、写日记。考虑到种种因素，学校对 45 岁以上的教师不提这个要求。但这位女教师看到年轻教师都在读书、写日记，她不甘心，于是也开始读书，开始写心得，还开始学电脑。学电脑学得很痛苦，但就是快要退休了的老师在坚持了一段时间后也开始发表文章了。她 53 岁时写了一篇《51 岁的我》，她在文章中说，参加新教育实验以后才感受到、才知道了什么是教育。她说，"我教了一辈子的书都不知道什么是教育，现在我才大约知道了什么是教育"，"我教了一辈子的书都没有找到青春的感觉，现在似乎才有了青春的活力"。2003 年，她被评为"教育在线"网站的"青春偶像"。任何一位老师或学生，都有无限发展的空间。关键是给他舞台。你给他一个舞台，他就会给你一个精彩。

观点二：教给学生一生有用的东西

我们做教育的人都在讲：为生命奠基，教给他一生有用的东西。但是我们有多少人思考过：孩子一生最需要的

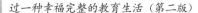

是什么？你有没有给他？我们在设计新教育实验，特别是设计"六大行动"的时候，就反复问自己这个问题，新教育实验，到底要给孩子什么？这些东西是不是孩子需要的？是不是孩子一辈子最需要的？我们做教育的必须要认真思考这个问题，假如这些问题都没有想清楚，就好像走路不知道要到哪里去一样，这个问题搞不清楚，你就是在漫无目标地徘徊、游荡。现在，我们的很多学校，甚至我们整个的教育，恐怕就没有把这个问题想清楚，否则我们的课程结构就不应该是这样安排的，我们的教育目标就不应该这样实际。更重要的是，我们整个的教育生活就不应该如此，而应该是生活的东西，应该是对人生最关键最有用的东西，这些东西同时也是非常有意义的东西。我常说，我们的教育往往就是为了某年某月的某一天，考试这一天，考试这一天所用的东西就是我们教育的全部，就是试金石，这一天成功了，教育也就成功了。我们的教育、我们的眼睛只盯着这一天是很可怕的事情，因为这一天需要的东西，再过两天可能就会忘记，"上课记笔记，考试背笔记，考后全忘记"。因此，怎样教给孩子一生有用的东西是我们要认真思考的。

观点三：重视精神状态，倡导成功体验

人的心理状态是非常重要的。我经常说，人和人的差别实际上是很小的。研究心理学的人都知道正态分布曲线，5%甚至更少的人是天才，5%智力低，而中间的90%多的芸芸众生，从智商的分布来说没有什么差别。可能你120、我130、他140，都是在正常范围之内，谁能够精

我们的教育、我们的眼睛只盯着这一天是很可怕的事情

彩，谁能够成功，靠什么？靠的就是精神状态。死人跟活人就差一口气，活人跟活人就差在一个状态。一个有状态的人，只要打起精神来做事就能活得精彩。而没有状态的人就萎靡不振，就不愿意去努力，最后自然没法成功。所以，你注意看看周围的人，看看你大学里的同学就知道，哪些人现在活得精彩，那些真正精彩的不一定是当时成绩最好的。可见，精神状态对个体的影响是巨大的。我要求我的作心理学研究的博士生尽快研究出一套新教育的心理体操，我想用不了几年的时间就能做出来。在我们新教育实验的学校，老师都要作这样的心理训练，像体育中的拓展训练一样，今后我们也要把它引进教育，让实验学校的校长、老师、学生都进行这样的训练，让大家知道，每个人都应该有良好的精神状态。实际上，很多人完全是靠状态去生活的。我的很多朋友经常对我说，朱老师你怎么身体那么好，昨天在那里今天又到这里了，到了讲台就神采飞扬？我说我不是身体好，我早上还在吃药呢，所有知识分子有的病我都有，什么颈椎病、腰椎病、高血压等乱七八糟的病很多，没事，只要有精神就能干活，只要有精神，就会去努力。我每天早晨五六点就起来工作，我也知道睡觉很舒服啊，但是因为有精神，我眼睛一睁就要起来工作。虽然少睡了觉，但只要体能可以，就没有问题。所以我说一个人的精神状态是非常重要的，在良好的精神状态下就容易体验成功。

前不久，我在《中国教育报》上发表文章介绍常州一个农村小学的校长，题为"普通的校长，不普通的学校"。

这个校长叫奚亚英，我是完全看着这个学校成长的，虽写的是"普通的校长"，但这个校长很不普通的。我为什么说她普通呢？因为她没什么学历，是个普通的中师毕业生，大学本科都没有；她在一个普通的农村学校，没写什么鸿篇巨著，是一个普通得不能再普通的小学校长。但我觉得她有自己的状态，什么状态呢？我只讲几个小故事。大概是在1998年的暑假，江苏省教育学会教育管理研究会在苏州召开了一个研讨会，会议请我去作一个报告。在报告完了之后，这个奚校长盯住我不放，从此我再也"摆脱"不了她了。她来找我，说朱老师你讲得很精彩，我回去马上就根据你说的去做。其他的校长也有不少这样对我说过，但没有真正行动起来，所以我不太相信，我以为奚校长也只是说说而已。过了大概三四个月，奚校长给我打电话，说朱老师你能不能来看看，你说的我们都做了。我当时还是以为她只是客套一下，没有多想。再过一个月她又打电话问，朱老师你现在有没有时间，我说等我排一排，还是没有去；再过一个月她还是打电话，问你现在有没有时间，我说好，我尽快来。后来我去了。我到奚校长所在的常州市武进区湖塘桥中心小学，发现他们果然按照我的设想在做并且做得很好。我对这样的校长当然是很感动了。她说，朱老师你能不能帮我请一些人来，于是袁振国等一大批著名学者都过来给老师们作报告。那么多的名家、教授、大师到了一个普通的农村学校给老师们作报告，和老师们零距离接触、交流，这在历史上是从没有过的。就是这样的一个学校，感动了他们镇上的领导、市里的领导。现在，市里投资了 1000 万给她建造了一所新学校。教师的变化也是非常大的。为什么一个普通的学校会有这么多大变化？我觉得最要重的是状态，因为她始终不甘心学校的落后状况，所以就去努力，追求卓越。同样听讲座的上百名校长，为什么只有她能够进行，关键就是其他校长没有这样的状态。所以状态是非常重要的。

观点四：强调个性发展，注重特色教育

最好的教育应该是富有个性的教育，是帮助每个人成为他自己、帮助每个学校成为它自己的教育。美国《新闻周刊》曾经评选过世界上办得最好的学校。我在有关的书里也作了介绍，这些被评上的学校都是最有特色的学校。你用什么来评价一个学校的好和坏呢，就是看它和其他学校不可比较的地方，它做了人家没做，或者人家做了它做得更加卓越，如此而已。你要是通过考试来比，那全中国只有一所好学校，一个地区只有一所好学校，但你要是用个性来衡量，就应该是百花齐放，就有很多的好学校。新教育实验最终的目标，就是要求所有的实验学校都能形成自己的品牌，当然，校园文化建设也是形成品牌的重要条件。个性的张扬是非常重要的，每一个学校都应该针对自身的基础，针对自身的区域特点，逐步形成自己的校园文化，这是非常值得我们探索的领域。今天苏州有些学校就在镇江的会议上交流，吴江同里小学就是把书香校园建设与墨香校园建设结合起来。他们学校要求每个人（师生）都能写一手漂亮的字，学校几千人，每个人写的字拿出来都很漂亮，这是很不容易做到的。我到学校跟他们的老师和孩子讲，写字很重要，汉字，是中国文化的灵魂。如果汉字都没有了，中国文化就不能称其为中国文化了。民进中央主席、语言学家许嘉璐在一次会议上讲，汉字不能随便改，他说第三还是第四次文字改革方案就想把"园艺"的"园"改成"元旦"的"元"，"鸡蛋"的"蛋"改成"元旦"的"旦"，后来没有通过，说这不能随便改啊，改了以后，这个"元旦"是"一月一日"还是圆形的"鸡蛋"，就谁也搞不清了。

日本有个研究书法艺术的团体每年都组织学生到中国访问，每次来都邀请中国的学生和他们一起写字，在某种程度上其实是对我们的挑战。他们完全是正规军啊，统一的家伙，写字的垫布、笔筒、笔架等，全日本挑选的书法精英经过了训练，我们每次都很困难，写得好的不多，要从各校挑选学生，结果大大小小的，跟他们还是有差距。我们都知道，字是人的第二副面孔，第一副面孔是爹妈给的，你改变不了，但第二副面孔你可以把它做得更美，说不定一手好字就可以改变你的人生。现在是信息时代，电脑的普及使会写字的人越来越少，写一手好字就更加重要了。我们的学校为什么不可以也将书法创成特色呢？特色对于薄弱学校来说更为重要，它是薄弱学校发展转变的一个关键。

观点五：让师生与人类崇高精神对话

新教育实验有一个非常重要的理念，就是将让整个社会不断地走向崇高、让整个人类不断地走向崇高看成教育最崇高的使命。教育，在传播知识、传授技能的同时，还有一个更加崇高的使命，就是使人类不断走向崇高。它通

过传播人类崇高的精神，崇高的价值观念，让人不断地接受崇高的熏陶和洗礼，从而走向崇高。如果教育忘记了这个使命，教育就很危险。

生命教育在古代实际上也是非常强调的，在儒家的传统里，每一根头发都是爹妈给的，不能随便剪掉，所以中国古代，可以用剪头发代替刑罚。可是现在，十六七岁的孩子，动不动就从楼上跳下了，一点都不在乎生命的尊严。前段时间看到一则新闻，说有一对父子，孩子大概11岁，父亲也就30多岁，这个父亲希望孩子学习好，争口气，给他母亲看看（他们离异了）。可这孩子偏偏不争气，学不好。父亲火了，说：我们既然争不了这口气，干脆我们死吧！孩子说：好吧，死就死吧！于是父子就跑到楼上，父亲说"孩子你先跳"，孩子就跳下了。父亲说"孩子我来了"，也跳下了。两个生命这么轻易地就没有了。经常听说中学生、小学生、大学生动不动就拿起刀捅人，究其原因都与教育有极大的关系。学校教育没有给我们足够的理念支撑，没有给我们足够的精神支撑，也没有足够的道德支撑。分数、分数，我们学校的教育是苍白的。学校教育不讨论人类和环境的关系，不讨论怎样建设一个民主的社会，不讨论生命的尊严。

如果教育忘记了这个使命，教育就很危险

教育应该回家，
让师生与人类的崇高
精神对话

昨天上午，在镇江索普小学开了一个教育现场会，非常精彩。一个语文老师，他每学期只用一半的时间就把课程全部讲完了，然后就以生命教育作为主题，推荐一大堆书让学生去读。昨天我们看到他在学生阅读以后请了一个当地的"张海迪"——一个坐在轮椅上的人与孩子们面对面地交流。课上得非常精彩，很多人都掉了眼泪，我觉得这种课很有意义。教育应该回家，让师生与人类的崇高精神对话。

三、探索与前进：新教育实验在行动

第一大行动：营造书香校园

什么叫作营造书香校园？可以这样表述：在新教育实验的理念指导下，通过创设浓郁的读书环境与氛围，推荐优秀的阅读书目，开展形式多样的阅读活动，培养师生强烈的阅读兴趣和阅读习惯，使阅读成为伴随人终身的生活方式，从而为建设书香社会奠定基础。

怎么样去建设书香校园？我觉得以下六个载体很重要。

1. 环境（氛围）载体。环境载体就是通过环境的建设营造读书的氛围。很多实验学校，一进大门就可以看到我们的宣言——"阅读，让全民族精神起来！""一个人的精神发育史实质上就是一个人的阅读史。""今天你读书了吗？""一个民族的精神境界，在很大程度上取决于全民族的阅读水平。"等等。总之，要有一个提倡读书、方便读书的环境。

2. 物质载体。建设书香校园需要物质，这物质载体可

以先从班级做起。很多学校都是从班级开始建立班级的图书角，可以由学校提供图书，也可以让学生自带。如小学四年级，学校就根据实际推荐最适合小学四年级学生读的书，建起图书角，也可由学生带给同学（介绍）一本自己最喜欢的书或是最让自己感动的书，建成班级图书室；还有，在班级以外，学校可以建起开放的阅读区，也可以叫年级图书广场，针对一个年级来设置的，学生任何时间都可以去看书；此外是学校的图书馆，学校图书馆的图书品种与建设也很重要；第四就是要求学生逐步建立个人藏书架，苏霍姆林斯基曾要求他的每一个学生都必须拥有个人藏书架，拥有自己最喜欢的、终身都可能去读的图书。我把这些称之为物质载体。

3. 活动载体。对于孩子而言，只读书而没有活动是很难真正进行的，我们需要设计大量丰富多彩、行之有效的活动。例如，让学生为名著配插图，发挥孩子的想象力，在学校里搞插图大赛，把美术教育和读书活动结合起来；为名著配音，每个学生选三段他最欣赏的名言名句，每个人录几分钟，在班上播放，孩子们听到自己的声音、听到同学的声音，都会感到特别亲切；最喜欢的图书人物卡通大赛；扮演最喜欢的人物在学校内游园；和作家面对面，把作者请到学校来和学生面对面交流。总之，要举办各种各样的丰富多彩的活动。还可以举行图书交流活动，如宁波万里国际学校的"感动"系列活动，让每个教师每个学生，大家推荐一本曾经感动过自己的书，陈列在学校的图书架上，并且这个图书架是在广场上，不用办任何借阅手续。每个人在自己推荐的书的扉页上要写上这本书感动自己的理由，写出为什么把它推荐给大家，让感动过自己的书再去感动更多的人。

我到他们学校参观时，专门为他们题了一句："心中有理想，校园满书香。"我去的时候，书架上的书并不多。校长不好意思地看着我，朱老师你看书不多了，都被学生借走了。我说，假如书都在架上，那才不是好事。要么是学生不喜爱读，要么是图书选得不吸引学生。人需要感动，当书不和人的眼睛接触、不和人的心灵接触的时候，书不是书，而是废纸。书只有和人的眼睛、和人的心灵接触的时候，它才变成了书。所以，书只有被阅读的时候，它才有价值。所以，书架上的书全被借光了才好呢！校长还说，他担心这些书回不来，因为学生不需要办任何手续就可以拿走，要是他们拿回家不拿回来怎么办？我笑着说，爱书无罪，要相信孩子的内心是纯净的。如果真的少了几本，也不用担心。一本书能够影响一个人，是书的幸福，也是学校的幸福。今天你的学生把一本他非常喜爱的书拿回家了（我们不说是偷回家了），以后他事业有成时，说不定就会捐你一个图书馆。当然要引导，还可以鼓励学生捐更多的书。

也有实验学校的校长和老师说，学校购置了书，但孩子们不爱读、没有时间读怎么办。我想，我们就通过各式各样切合实际的活动去推动学生读书。没有人是天生爱读书的，读书的兴趣需要培养，要从孩子们最喜欢的书开始，用丰富多彩的活动去感染他们、打动他们，让他们慢慢养成读书的习惯。孩子们一旦形成了读书的习惯，你的

书只有和人的眼睛、和人的心灵接触的时候，它才变成了书

教育就成功了。形成了阅读习惯的孩子会有终身的阅读需求，一旦他爱上了读书，你不让他读书都做不到。

4. 组织载体。对读书只进行一般的号召不行，组织也是一个很重要的载体。很多实验学校建设了读书指导委员会，校长亲自挂帅。学校内设立教师读书沙龙、教师读书俱乐部、小书迷俱乐部、小书迷协会等。我们有个实验学校，成立了青年教师读书俱乐部，效果非常好。每周有一个晚上，大家一起交流读书心得，已成为制度。你想，每周一个晚上要交流读书心得，意味着什么？意味着这次交流会议后的一周内都要读书，不读书你来交流什么，不读书就没东西交流啊。有一本美国著名心理学家写的《儿童发展》，这是一本目前最好的研究儿童发展的书，价格近百元。有的老师一看这么厚，就不读了。读书俱乐部就让每个人读一章，再利用几个晚上交流。一交流，这本书不就读完了？你要是觉得哪一部分特别精彩，你很需要，就可以再去读那一部分，用这样的方式来读书。较难理解的书，就请专家、请作者来讲，像《学会学习》等书，他们就请翻译者到学校来跟老师交流，这样就把大家学习的兴趣提上去了。

5. 课堂载体。现在的很大问题就是没有时间读书，所以，很多实验学校就开设了专门的阅读课。阅读课又分阅读指导课、阅读欣赏课、阅读交流课、读物推荐课等各种各样的阅读课程。比如，我们编了一本《中华经典诵读本》，最近准备重新请专家按年级编排，小学一、二年级一本，三、四年级一本，五年级一本，中学一本。因为小学生、中学生没有一定的诵读量是不行的。中学生还有

《英文名篇诵读本》，里面是英语世界中非常有影响的谚语、名人名言、讲演、诗歌、散文，中学生要背诵。这两本书要是读好了、背下了，就可以打下较好的人文基础，积累较丰富的人文底蕴。

在镇江，有的老师自己做了美丽的书签，上面写上鼓励的话送给小书迷、读书小博士

6. 评价载体。很多学校都有关于书香校园的评价制度，有的评选书香班级（如宁波万里学校），有许多学校做了"书香校园"的流动牌、流动锦旗，看哪个班级书读得多、读得精彩，读书活动开展得形式多样。也有许多学校为了推动孩子读书，搞书香家庭的评选活动，这也是很重要的。有人做了调查，我们中国大约50%以上的家庭是没有图书的，而韩国在1996年的调查结果是96.8%的家庭拥有500本以上的图书，藏书量非常大。韩国的文化是从我们中国传过去的，但现在，韩国的这种传统值得我们学习。还有的学校评选读书小硕士、读书小博士、读书新星、小书迷等。在镇江，有的老师自己做了美丽的书签，上面写上鼓励的话送给小书迷、读书小博士，甚至买书送给他们。通过各种各样的评选、激励的措施，鼓励、帮助孩子多读书。

通过环境、物质、活动、组织、课堂、评价这样六个载体的建设，书香校园也就建设起来了。

新教育实验为什么如此强调读书？首先因为读书对人的成长是非常重要的。平时，我们看一个校长、一个教师，只要和他一谈话，你就能感觉到这个人的文化底蕴、品位、品质。这往往跟他的阅读是有关系的，不能说是一对一的正相关，但是有很大的关系，所以说，读书对个体的成长是非常重要的。其次，读书对民族的发展是非常重

要的。在二次世界大战的时候，有位英国的记者问丘吉尔，莎士比亚和印度哪个更重要，丘吉尔毫不犹豫地说，我宁可失去五十个印度也不愿意失去一个莎士比亚！的确，你认真地研究一下全世界的民族和国家，生命力最强的民族都是阅读量非常大的民族。现代社会发展最快的民族也与阅读有着非常重要的关系，韩国就是如此。世界上读书最多的民族是哪一个？是犹太人。犹太人平均每年每人读书 65 本，而中国人不到 5 本书，包括教科书、教辅书在内。试想，一个读 5 本书的民族跟一个读 65 本书的民族怎么去竞争！英文版的《耶路撒冷报》，只有 500 万人口的以色列人就订阅了 100 万份。人类那些伟大的思想都在每个时代的经典之中，并且是通过阅读承传下来的，因此，阅读这些书就意味着跨越了这个时代的精神的高度。

去年 10 月份，江苏召开苏霍姆林斯基教育思想国际研讨会，朱小曼邀请我作讲演。我的观点是：教育首先就是读书，没有读书活动就谈不上教育。在交流时，苏霍姆林斯基的女儿卡娅第一个站起来提问题。她说，朱先生，你把读书看得这么重要，你是否认为读书就是教育最重要的事情了？我说当然是了，我说读书就是教育最重要的事情。我说，这话不是我说的，是你父亲说的。你父亲说"无限地相信书籍的教育力量是我的教育真谛之一"，你父亲还说，"一个学校什么都没有，只要有了书那就是学校了，相反，可能一个学校什么都有，但假如没有为师生的精神发展准备的图书，那它不能称之为学校"。后来就餐时，卡娅对我说，你对我父亲的研究比我还厉害。

没有读书就没有新教育，没有读书也谈不上真正意义上的教育。所以，我们要求实验学校必须建设书香校园。我们要求实验学校要搞两个读书节，上半年一次，4月23号，世界阅读日，因为这一天是莎士比亚诞辰日，同时也是西班牙著名作家塞万提斯的诞辰日，最初是西班牙人提出来后来由联合国颁布为"世界阅读日"的。下半年是9月25日，鲁迅诞辰日，我们把这一天定为校园"阅读节"。我曾连续3年在全国政协会议上提出提案，提议设立中国人的"阅读节"，一直没有被批准。不过我们已经先做起来，在实验学校把这两天作为阅读节，开展形式多样的活动。我们还组织上百名专家，在近万份问卷的基础上，历时7年确定了《新教育文库》的书目，为小学生、中学生、大学生、教师的阅读推荐书目各100种。小学6年，100种图书；中学6年100种图书；大学生100种；教师伴随着孩子的成长也读100本书。每年都会根据当年出现的好的著作、好的版本及时作调整更新。这400种图书书目，"教育在线"有公布。我经常讲，教师读书不仅是寻求教育思想的营养，寻找教育智慧的源头，也是情感与意志的冲击与交流。从过去的教育家的著作中，教师可以学习的东西很多。有心的教师会认真阅读教育的重要文献，深刻领悟不同时代教育家的人生理想与人格力量。读书会让我们的教师更加善于思考，更加有教育的智慧，让我们的教育更加美丽。

有心的教师会认真阅读教育的重要文献，深刻领悟不同时代教育家的人生理想与人格力量

第二大行动：师生共写随笔

我们要求新教育实验学校的教师与学生坚持教育反思，写教育日记（故事、随笔），进行教育的叙事研究。

这个行动目前的效果非常好，它和"书香校园"的建设一起，成为整个新教育实验最亮丽的风景线，一大批老师和学生就是通过这一行动成长起来的。

有一个带着传奇色彩的故事。去年7月份的一天，《杭州日报》头版头条报道说，一个绿色的网络改变了一个小学生的命运。这是杭州和睦小学学生胡量的故事。和睦小学校长网名叫管得宽，真名叫张敏，他在"教育在线"网站的管理论坛上每天坚持贴一篇自己的心得，并且每天的读书情况乃至从第几页读到第几页他都在网上公布，让大家监督。当时他担任小学五年级的班主任、语文教师。上课时，他把"教育在线"的网址写在黑板上，要求学生到上面去写日记。他班上有个学生胡量（我到杭州时曾专门去看望已经上了中学的胡量），当时是全校全年级有名的"差生"，尤其是语文，最差。当张敏校长把网址写在黑板上以后，胡量当天晚上回家就在网上发表了一篇文章，没想到这篇文章赢得了教师和学生的喝彩。过去都是命题作文啊，他没什么可写的，而现在是随便写，他有很丰富的生活经历，就很容易地写了，老师鼓励他，其他网友也鼓励，他来了劲头。第二天再来一篇，贴上去了又得到了鼓励；第三天再来。就这样，连续写了5个月。5个月后，胡量的一本书出版了。很难相信，一个典型的"差生"，5个月的时间竟然出版了一本书：《成长的足迹——胡量日记选》。

坚持写日记，对自己的成长是十分重要的。我从中学时代就开始写，一天不落坚持到今天，我觉得非常有用，大家看到我的教育文集最近出版，后面有我的活动年表，很多人奇怪，问朱老师你每天做的事情怎么都记得，我说很简单，把日记翻开抄上去就行了。我经常说，即使不出版，一篇也不发表，这也是人生的一笔很大的财富啊。上海有一对老夫妇，从解放初（1949年）起，每天将到菜市场买菜什么的全部记下来，什么菜买了几斤，价格是多少，一直记录着，这个日记本最近被上海博物馆高价收购，因为这个买菜的记录反映的是中国物价的变迁、生活的变迁、人的食物结构和营养结构的变迁。

我要求玉峰实验学校的每个学生，必须要有自己的日记本；每个老师每学期要有一本教育随笔，像我前面提到的吴樱花教师，一个小学老师，写了一本书《孩子，我看着你长大》，我看了很感动，帮她写了篇序言。她过去就是个不错的老师，参与新教育实验后，更加自觉了，开始写主题日记，不是每天简单地记录自己的生活，而是某一段时间集中观察一件事，做一件事。她注意到一个来自离异家庭的孩子，为了加强对他的教育，就写观察日记，然后将日记跟孩子及其父母进行交流，3个月后她就写了一本书。所以，对教师个人来说，坚持写日记有极大的促进作用。因为她过去从来没有在某一段时间这么用心地去做一件事情。有的老师说，朱老师你把我们害惨了，天天要写这个东西交差。我说，刚开始肯定有些老师会骂我，但写下去以后，要是不让你写你会难受，因为在写的过程中你得到了快乐。为什么？为了写得精彩，你必须做得精彩，这样也才能活得精彩。如果你活不精彩，做不精彩，就不可能写得精彩。所以写不是目的，写是为了让你活得精彩。你只有做得精彩、活得精彩，你才有可能写得精彩。很多老师从过去的应付变成了现在努力地工作，大胆地实践，让自己写得精彩，这要有一个过程。他们在实验的过程中，在写的过程中，找到了自己的人生价值。

江阴环南路小学是一所普通的农村小学，过去孩子们都讨厌写日记，写东西像挤牙膏一样的。现在，他们爱上了写，日记现在都是从心里流淌出来的。孩子们写了半年，就出了两本书。我给他们取的书名叫"放飞希望"。他们校长到现在还不敢让我们到他学校开现场会，说他们学校太破了，我说没关系，中国的大部分学校条件都不好，要是新教育实验在农村能做了，在城市就更容易做了。

第三大行动：聆听窗外声音

我们要求新教育实验学校的老师和学生，都要学会聆听窗外声音，学会关心窗外的事情。通过学校报告会等各种形式的活动，充分利用校外的教育资源，引导学生关心社会，激发学生形成多元的价值观，培养他们创造的激情。我们也提了个数量指标，6年争取听100场报告。这个报告会，可以请校外的社会名流、企业家，哪怕是一个普通的工人、农民，也可以是校内的老师、孩子。让每一个孩子在校期间听100场报告，这是我们的期望。

为什么会提出这个观点？我反省自己的成长历程，反省我自己在大学里从事教育管理工作，有一个很深的体会：在一个人的成长历程中，不能缺少优秀人物的影响。中国有句话，"听君一席话，胜读十年书"。"书香校园"的建设是一点一滴、是一本本书的积累的过程，但一次好的报告，一次好的谈话，可以说是厚积薄发，其影响力更是具有震撼效应。一个优秀人士的讲演，往往是他多年体会的浓缩。比如说，我今天跟大家交流的东西，可以说是我几十年做教育工作提炼浓缩出来的。我常说，一场报告就是一个人生，无论你请谁来作报告，他肯定要把他一生中最精彩的东西讲出来，所以听报告这种教育方式是非常重要的。在苏州，我们每个月都要请一位大家给我们的校长作报告，上个月我们就请了李希贵，请他讲讲他的观点、理念。我在苏州曾经开了一个名师班，请了许多名师来上课。师生在他成长的过程中，需要一个个英雄的丰碑去影响他们，需要一个个感人的故事去征服他们。你和什么样的人打交道你就会受到什么样的感染，这就是教育，这样的教育会给我们带来很多意想不到的东西。

我常说，一场报告就是一个人生

第四大行动：双语口才训练

作为新教育实验学校的学生与教师必须重视口才和交际能力的培养，学会说话，学会交际。我们要求每一个月要给学生 5 分钟当众讲话的机会。学会说话，这是人一生有用的东西之一。英国一位教育专家发出警告，人类语言能力正在退化。人的说话能力、表达能力，也就是口才，是一个人的核心能力。美国把语言能力、人际沟通能力训练作为基础教育中知识和技能的第一目标，这不是没有道理的。仔细想一想，会说话的人他就会拥有更多的机会，你不会说话就没人知道你。你说得精彩就更有机会，这是毫无疑问的。在民主社会，口才、表达能力就愈加显得重要，做生意、说服别人，当然需要好的口才；做老师，尤其是要想成为优秀的老师，没有好的口才是很难成功的。现在最有影响、最有活力的名师，都是最会讲话的。为什么名师里语文老师最多，像窦桂梅、李镇西、韩军、于漪、于永正等，因为语文老师比其他老师会讲、会写。在全国有影响的老师中，十个中有五个是语文老师。其他的学科为什么很少，因为其他学科老师不那么会讲善写，展示自己的机会少，他们感染人的方式不一样。

这里说的"口才训练"就是开展中英文听说活动，培养学生讲一口流利的中文和英文，培养学生具备终身受益的口头表达能力。最近，玉峰实验学校专门搞了一个"课前三分钟大舞台"，利用课前三分钟让学生轮流进行讲演，每天一个学生。这样学生课前就要看书，然后到课堂上来"贩卖"。昨天思考的问题今天来发表，这带动了整个研究性学习，所以，我说我要是做校长都不用专门搞研究性学习的课程，通过这个就可以带动。学生要想在课前三分钟说得精彩就必须去研究，要想打动人就要有大量的阅读与调研。所以口才的训练非常重要。现在很多地区、很多学校都在推进双语教学，无论是英语也好，其他语种也好，关键是口语的训练。中国学生学英语语法学得很好，但不会与人交流。实际上，交流和表达远远不是你想象的那么困难。我们的孩子一旦送到国外，不到半年，甚至几个月就可以与人交流，因为在那样的环境里大胆的表达很快就能与人沟通，所以，要鼓励孩子们开口讲话。中国人不太善于讲话，在国际交流中常常是人家问什么问题答什么问题，很少有人主动地去讲。假如你让他讲，他只会一本正经地介绍自己学校的办学思想、指导方针，人家对这些不感兴趣，他们需要发自内心的交流。

前不久，南通召开了一个国际性的市长论坛。会后有人发表评论，问为什么中国的市长都不会讲话？很简单，中国的教育没有培养会说话的人。与我国的基础教育强调数理解题训练相对应的是，美国的基础教育强调的是语言表达能力与人际沟通能力的训练，重视用语言来表达思维，以思维来提高语言，其中既包括清晰地表达自己的想法，让别人能了解自己，也包括认真倾听别人的观点，使自己能理解别人。

在学校，孩子发言要举手，但很多孩子是从来不举手的。在许多的公开课上，我从没看到老师去点不举手的孩子发言，而不举手的几乎是大多数，反正我不举手你也不会点到我。我就希望老师们上课能点那些不举手的孩子发言。让学生会说话，大胆地说话，自信地表达，这对一个人的终身发展是很重要的，它能够改变一个学生的人生。目前，我们实验学校刚刚启动口语表达能力训练计划。试想，一个学生一个月讲一次，六年下来就是五六十次，学生有五六十次公开场合下讲话的机会，这对他的锻炼是很重要的。国旗下的讲话也是，前几天我在论坛上看到有人发帖，征集"国旗下的讲话"。我估计是有的校长没东西讲，只能看人家校长是怎么说的。这是校长自找苦恼，为什么你非要自己讲？你可以让学生讲啊！每次的国旗下的讲话，你都把它变成学生讲演的平台，用一个个生动的故事来代替空洞的说辞。学生要面对几千个人讲话，一定是要精心准备很长的时间，这对他们的能力也是一种培养。让学生成为国旗下讲话的主角，这会成为学校的一道风景线。如果学生参与面宽了，甚至每天都可以有升旗仪式，不一定非得在星期一。只要维护好国旗的庄严，激发学生对国旗的那份情感，让每个学生都有机会在全校师生面前讲话，那么升旗仪式对每个学生来说肯定会成为一种期待。此外，你还可以鼓励学生自己出海报，让学生自己组织讲演，那将会是多么精彩！

第五大行动：建设数码社区

我们刚刚在江苏省姜堰市召开了全国建设数码社区研讨会，开得非常成功。"建设数码社区"的概念，就是在新教育实验理念的指导下，以"教育在线"网站为平台，以校园网为基础，整合各种教育资源，培养教师和学生强烈的信息意识，快速获取信息的能力，娴熟的信息交往能力，建设学习型的网络社区。

数码社区的建设非常重要。我用"社区"这个概念，而不用校园，因为社区要超越校园。我们的目标是，每个实验学校首先要建起自己的校园网，校园网要尽可能为每个老师每个学生建立个人主页。新课程中有个"学生成长记录袋"，这个记录袋很难弄，弄得不好就成了垃圾袋，什么都往里面放，最后不好处理。改成电子档案就好办多了——学生的成果，学生的风采，学生的自我展示，都可以通过它来完成。学校，建成主题网站，鼓励师生通过网络学会交流。不懂得利用网络的人就不是现代人了。现在获取信息最快的途径毫无疑问是网络，学术研究如果离开了网络，效率也会大打折扣。传统的博士生做论文，一般要用两年时间甚至是两年半的时间查阅文献资料的，要到图书馆一本一本地收集，然后通过主题性的、研究性的资料去寻找相关的文章。现在你只要有网络就可以收集到最重要的资料。能够快速地获取信息已经成为一种非常重要的能力。

要求教师和学生学会运用网络进行交往，也是抵制网络不良诱惑的一个重要手段。很多学生上网不能控制自己，不妨尝试通过建设数码社区来避免这样的问题，让他们养成与同伴交流、分享心得的习惯，让他们感受不打游戏也有快乐。网络交往很重要，网上最活跃的老师，比如我们山东的许多网友，他们都很活跃，也都是有才华的老师。假如不懂得交往就没有人知道你。在"教育在线"网站上开主题帖的，大概有三千到四千人，每天坚持写作，但很多人是没有人知道的。这类人只是自己每天坚持写，但很少去看别人的帖，也很少跟帖。很多人跟我说，我也上了网，也发了帖，但没人知道我，你们的网站是不是嫌贫爱富？有名的就跟帖，没名的就不跟帖。像陶继新老师的跟帖就很多很多。

我说并不是这样，我举一个很普通的例子：网友水易是某县教育局教研室的一位老师，一个很普通的老师，但他的跟帖率就很高。为什么？因为他常常读别人的帖并且用心回帖，你尊重别人人家就尊重你。再如，有一个老师很善于交往，别人很多不错的文章没有在报刊上发表，而他的却发表了。为什么？他经常主动在网上把自己的文章发给编辑。有的老师在网上发了文章，就给我发短信说"朱老师你能看看我写的文章吗"。平心而论，不可能所有的文章我都去看，但他今天给我发了一个我没有去看，明天又来一个，我还没去看。后天，他又发来信息"朱老师，你应该来鼓励我一下吧"，于是我只好去读读了，有时的确发现不少好东西。开新教育实验的研讨会时，很多没有见过面的人，一见面都亲如兄弟。据说网友秉正号称是"走遍全国都有人管饭"。教育网友之间的感情就是这样，在虚拟的网络中培养起真实的感情。不少编辑也说，很多作者没见过编辑一面，也没有用笔给编辑写过一封信，就是通过网络的联系发表了几十篇文章。现在，《中国教育报》、《中国教师报》、《现代教育报》的编辑记者们常常通过网络进行交流、约稿，网络就一点点变得方便而真实起来。

教育网友之间的感情就是这样，在虚拟的网络中培养起真实的感情

丰富的网络资源也是我鼓励老师上网的重要原因，因为你备课所需要的大量好的东西就在网络上。你要是按照传统的方式去备课，你很难收集到那么多资源。网络的资源太丰富了，甚至于有的老师就在网络上发个 SOS，说"下个星期要开公开课了，没有思路，请大家帮帮忙"。马上就会有很多人给他出主意，告诉他如何去备课，还可以到什么网站找什么资料。网络是一个非常好的平台，我建议教育部应该建立国家教育信息平台，每年拿出相当的资金专门收购最好的教育软件，或请最好的专家去开发教育信息软件，免费供学校、家庭使用。现在往往是学校各自买，花了大量费用。我希望所有的实验学校联合起来，把自己的资源让所有的学校共享，如教案学案、备课资料，甚至课堂在线等。重复开发、重复劳动、重复购买是教育资源的巨大浪费。

第六大行动：构筑理想课堂

这第六大行动，最初叫"打造特色学校"，去年改为"构筑理想课堂"。这个工作去年底才刚刚启动，开过两次理想课堂的研讨会。我在《理想的课堂》一文中提出了课堂的参与度、亲和度、自由度、整合度、练习度、延展度六个方面，但这只能作为参考，今后要逐步去完善它。理想课堂到底有怎样的标准？不同的学科、不同的年级，会有不同的模式，这是要探讨和研究的问题。

除了"理想课堂"以外，新教育实验还提出了十大领域：理想的德育，理想的智育，理想的体育，理想的美育，理想的劳动技术教育，理想的学校，理想的教师，理想的校长，理想的学生，理想的父母。今年开始了"理想的德育"实验，7月份要召开的研讨会的主题就是"新德育、新课堂"，要提出新德育的一些原则、模式。关于"新父母"，我们已经在全国建立了7所实验学校。新《公民》教材本月也正式由北京大学出版社出版。

我们在行动中感悟，我们在感悟的阳光下携手向前，我们有理由期待"新教育实验"走向辉煌。参加新教育实验的清华附小窦桂梅老师说："参加新教育实验，澎湃的是激情，涌动的是理想，激起的是热情，付出的是真心，发展的是智慧，收获的是每一刻的生命。"我想把这句话送给大家，让我们共勉，让我们努力朝这个方向去做。

教育是一首诗

诗的名字叫青春

在躁动不安的灵魂里

有一个年轻的梦……

朱永新《教育是一首诗》

关于数码社区建设的几个问题

2005 年 4 月 · 江苏姜堰

　　非常高兴来到姜堰参加数码社区建设的会议。这一次我们没有在条件优越的城市举行，而是选择姜堰，现场是一所真正意义上的农村学校——里华小学。我们就是想告诉大家，数码社区的建设，不一定在现代化的学校可以做，在普通的农村学校，同样可以做。

　　我准备讲三个问题。

第一，为什么要建设数码社区？

　　在我们还没有提出新教育实验理论体系的时候，已经把数码社区作为当时的五大行动之一，也就是说，数码社区是我们一开始就十分看重的一大行动。为什么呢？因为这是现代社会发展的需要。现代社会已经进入了所谓的后工业社会——信息社会。信息社会有一个很重要的特点，那就是决定这个社会和影响这个社会进程的最重要因素是信息。《第三次浪潮》的作者后来写过一本非常有影响的书 *Power Shift*，翻译成中文是《权力的转移》。在这本书里，他很明确地提出，在信息化社会里，最拥有权力的人、最能够影响社会进程的人、最富有的人，就是拥有信息的人。在教育领域，毫无疑问也是如此。当我们现在还习惯于用传统的方式和理念来组织教学的时候，应该看到教育已经在发生一场"静悄悄的革命"。

最近，我们在组织一本书的翻译，是我的博士生翻译的，我正在利用空余时间校对，书名叫"美国的小学社会科学的教学论"。这本书讲的是美国的小学生怎样学习社会科学，包括历史、地理、公民以及经济学等一些与社会有关的课程。我看了一下，其中涉及的网站有数千个。把这本书读完的话，恐怕至少要看数千个网站。比如，美国小学生学习，就有一个专门为小学生建立的学习公民课程中公民投票的网站，让小学生知道投票的价值和社会参与的责任，教育每个人都要重视自己神圣的一票。然后讲怎样的投票是有效的，怎样的投票是无效的。美国为小学生建立了各种各样的网站来介绍这些知识，你能想象到的都有，比如还组织小学生到虚拟的世界七大奇迹去旅游。从资源整合的角度来说，从课堂的组织形式来说，我们的教学跟国外还有相当大的差距。美国每一个学会，比如说中小学的每一个学会，都有自己很强大的、公开的专业网站。这些网站的建立，使整个课堂模式都发生了变革。整个教育的发展已经在提醒我们：面对信息化，今后的课堂教学会迎来很大的挑战。

这个网站已经成为我们共同的精神家园

建设数码社区也是新教育实验本身开展的需要。我们一直在设想这个实验不同于其他很多的实验。第一，我们做这个实验之前，就有一个"教育在线"网站，这个网站已经成为我们共同的精神家园，全国有将近 17 万的教师和学生在这里注册，它已经成为目前国内访问量最大的教育网站之一。有一本书叫"发生在'教育在线'的故事"，就是讲我们这个网站上发生的故事，很多朋友看了都很感动。但是仅有这个网站是不够的。这个网站建立了一个课

题管理平台，尽管这个平台目前利用得还不是非常好，但是毕竟有了一个很重要的平台。第二，怎样更好地利用数码社区，这本身也是非常值得探讨的。构建数码社区是新教育共同体成长的一个需要。当今社会，谁掌握了网络，谁建设了数码社区，谁就拥有了先机。大家在一条起跑线上，基础再差、再困难、再边远的学校，只要进入了信息高速公路，只要上了网，所拥有的资源跟大家就是同等的。网络的一个最大的特点是平等，网络的平等性和开放性，打破了传统教育资源垄断的局面，因此在这样的背景下，谁拥有了网络，谁就能够拥有信息，谁就能成为教育的主人。大家可以看到，现在网络技术运用得好的，并不一定在最发达的城市。"教育在线"上有一个大家非常熟悉的故事——"滇南布衣"的故事。"滇南布衣"是云南思茅山沟里的一个很普通的小学教师，他通过一根电话线、一台电脑就把自己和整个现代社会紧密地联系在一起。你说他土吧，他是那么淳朴；你说他现代吧，他的确很现代，他的思想和城里的教师没有任何区别。所以说，网络一下子缩小了人与人之间的差距，缩小了学校与学校之间的差距，缩小了区域与区域之间的差距。由此我们认为，在中国教育的推进过程中，网络是一个非常重要的工具和平台。今后，在新教育共同体的成长过程中，更多地利用网络是一个非常重要的理念。

这是我想讲的第一个问题，就是我们为什么要建设数码社区。无论是从现代社会的发展，还是从教育自身的发展，从新教育实验的发展，以及从建设新教育共同体的发展来说，我们都需要加快建设数码社区的步伐。

他通过一根电话线、一台电脑就把自己和整个现代社会紧密地联系在一起

第二个问题，什么是数码社区建设 ？

新教育实验的六大行动到现在为止都是一个操作性的定义，没有一个理论性的定义，我们没有标准答案，数码社区也是如此。但是，我们有一些共识，所以我总结了一下：以新教育实验的理念为指导，以"教育在线"为平台，以校园网为基础，整合各种网络教育资源，提升学校的教学和管理方式的信息化水平，培养具有强烈的信息意识与信息处理能力的新型教师队伍和学生群体，为师生和学校的数字化生存与发展奠定基础。这其中包括了如下几点考虑。第一点考虑，数码社区有三个层面：精神层面、行为层面和物质层面。所谓精神层面，它是新教育的一些最基本的思想，包括与伟人的崇高精神对话、培养具有个性的学生等。我们最基本的目标是为学生的终身发展服务，我们相信教师和学生的潜力，这些都是建设数码社区最重要的精神和理论支撑。其次是行为层面，也就是说数码社区建设以后，应该出现一些以新技术为条件的平台，学生的学习方式发生变化，教师的教学方式发生变化，学校的管理方式发生变化，学生的成长方式发生变化，学习评价方式发生变化。第三是物质层面，整个学校的网络软硬件的配置、网络的建设和管理也要发生变化。这是从三个层面上考虑。

第二点考虑，是从两个培养上考虑。第一是通过数码社区的建设，让教师和学生具有更加强烈而自觉的信息意

识。因为信息意识一直是数字化生存和发展的重要基础。能不能具有很强的信息意识，能不能判断信息的价值，能不能有强烈的重视信息的敏锐感，我觉得都是非常重要的。第二要有全面而快速地获取信息、查找信息的能力。我们现在的信息能力主要体现在这个方面，也主要关注这个方面，这也是整个数码社区建设中培养师生信息能力时一个非常重要的基本功。网络时代，我们接收的信息更多了，重复的信息也就更多了。这个时候，快速地获取信息的能力显得非常重要。

　　第三点考虑往往是大家容易忽视的，就是要有更加主动而和谐的信息交流能力。为什么要专门提出这一点呢？这是我们数码社区的一个重要特征。我们知道，在美国的基础教育中，是把语言表达能力和信息沟通能力作为第一教育目标提出来的。人际沟通能力往往是在现实社会背景下、在具体真实场景中的交往能力。比如说，我们在一所学校、一个教研室、一个社区中，谁的交往能力强，谁就可能成为大家喜欢的人。所以，在信息社会、在一个虚拟的社区中，这种能力往往同样重要，而且可能更加重要。

第三个问题，怎样加强数码社区建设？

对于怎样加强数码社区的建设，我有几点想法。第一，就是我们要加强对建设数码社区重要性的认识。数码社区的建设是整个新教育实验发展的需要，是其他行动的重要平台，也是整个新教育共同体成长的一个非常重要的因素。第二，我们要进一步加大整个数码社区建设的力度。因此，今后，对于新加盟的实验学校我们都会有一个新的协议书，在协议书上明确提出建设数码社区的问题。具体而言，我觉得有几件事情要做：1. 抓紧建设学校的主题网站，抓紧做资源整合的工作。2. 开展新教育实验的学校，要尽可能地向一个主题去发展。每所学校都要建成一个有特色、有个性的资源网，进行具有地域特色的、具有学校特点的、具有学校教师个性特征的网站建设。3. 要对实验学校进行适当分工。

因此，我们要做两件事。第一是尽快筛选全国最好的教育资源网。比如说柳栋老师的"惟存工作室"，是以信息技术为特征的；盐城中学的"三槐居"，是以中学语文

每个孩子都可以在他离开学校的时候把这个网站带走，带到中学去，甚至伴随他一辈子

为特征的……我们可以建立一个教育资源网站联盟，由"教育在线"来发起。第二，鼓励学校拾遗补缺。学校下载了一些人家已经有的东西，那只是用了人家的东西。拾遗补缺就是我们要做人家没有的。鼓励我们的学校就一个问题、一个节点做好，这样，学校的网站除了内网、外网以外，同时建成了一个资源网，而且是一个有品牌的资源网。第三是新教育的师生电子档案，这是我的一个梦想。但是仅仅有主页还是不够的，我们要把这个主页和教师的档案与评价结合起来。这个主页建完之后，我们这个新课程的成长口袋就可以扔掉了。没有必要有一个实体的成长口袋了。这样，教师写的所有东西，学生发表的所有作品，所有的讨论，所有的评价，都可以以这个电子档案为平台来存储，因此它是一个成长的记录。这个做好了以后，每个孩子都可以在他离开学校的时候把这个网站带走，带到中学去，甚至伴随他一辈子。你想想，从小学开始，一个孩子一进入学校就有自己的网页，今后还可以过渡到个人网站，这些对他个人的成长来说都是非常真实的原始记录。今后，所有的实验学校都要推广师生电子档案袋，使各种各样的内容包括成绩都可以通过网络去查询、去了解，这对我们整个的发展是非常重要的。师生电子档案的建立，也就是我们更好地利用网络的问题，应该成为我们下一步工作的目标。现在，各所学校使用"教育在线"网站的情况也不平衡。我们也了解到，有些学校人人注册、人人上网、人人发帖、人人有自己的专栏，而有些学校甚至连学校的信息都没有。

当然，我们也要把平台做好以更便捷地使用。首先是课题管理系统，这个课题组会进一步努力。其次是新教育随笔世界，现在我们挂在三个服务器上，在三个不同的地方，我们希望尽快合并到一个地方去，从而使得整个服务功能能够加强，这样内容上、更新上、速度上都会给大家提供更好的服务。目前，我们数码社区建设的理论研究相对滞后，没有一支团队在做，因此，接下来，我们要有专人来关注整个数码社区理论的建立问题。我们希望"教育在线"数码社区的专栏能够成为讨论数码社区建设问题的非常重要的专栏。现在有个非常好的现象，黄利锋版主已经在进行网络备课了，这是个非常好的形式。利用我们的网络平台，大家一起来备课，这样就能把教师组织起来，集思广益，解决很多问题，节省很多时间，这也是我们新教育实验所倡导的共同学习、共同研究的模式。所以说，我们这个数码社区的平台怎样更好地利用，怎样进一步提高效率，还是值得进一步研究和探索的。

最后一个问题，就是进一步加强网络安全、网络道德的建设。因为，在数码社区的建设过程中，让我们的教师和学生懂得网络安全和网络道德，加强这方面的意识，应该成为整个数码社区建设的一个重要任务。大家是否都知道网络礼节和怎样做一个好的网络人呢？当我们遇到不良信息的时候，怎么去处理？怎么举报？怎么沟通？这些问题都应该成为下一步数码社区建设过程中大家要认真思考的重要问题。

总而言之，我觉得数码社区的建设是我们整个实验的基础，它是一个很重要的工作平台，同时也是整个教育发展的一个重要方向。怎样去整合、怎样去创造更好的教育资源，这是数码社区建设要认真探讨和研究的问题。

享受着教育幸福，你就多了一种生活的诗意
你能从平凡中品味出伟大，从失败中咀嚼出成就
你能读懂每一个孩子的脸庞，走进每一个孩子的心房
你会惊奇地发现：幸福从此照胃横拱

——朱永新《享受着教育的幸福》

过一种幸福完整的教育生活

——新教育实验的回顾与展望

2006 年 7 月·清华大学

　　非常高兴与大家相聚在清华大学礼堂。据说，今天是清华礼堂 70 年来首次聚集了一批基础教育界的追梦人，这就给新教育会议赋予了更深远的意义。

　　本次报告的主题是：过一种幸福完整的教育生活。我们将共同回顾一下新教育实验的"十五"行动过程，并展望"十一五"的奋斗目标。来京之前，我曾与课题组的同志们开玩笑说，这次会议是新教育团队"进京赶考"。经过这几年的努力，新教育实验到底发展得怎么样？怎样在形成新的共识、凝聚新的动力的基础上在"十五"期间做得更好？我们要在北京会议上向来自全国各地的代表们及媒体朋友们作出回答。

首先，我与大家一起回顾一下"十五"期间新教育实验走过的历程

刚才给大家放了一个短片，介绍了新教育实验所进行的探索及所取得的成绩。不过，这部片子中有一点我不太满意，那就是关于我的篇幅多了。至于称我为实验的"总设计师"，这种提法我坚决反对。

这里先讲一个我们改编的关于新教育实验的带有童话色彩的故事。20世纪末，一位学者来到一个很贫瘠的山村。在那儿，人们已经习惯于贫穷甚至愚昧的生活。他们从内心接受了现状，不愿意为生活作任何努力。对于远方来的客人，村民们很遗憾地说，真的非常抱歉，我们没有什么东西招待你，我们这儿穷呵，只有满山的石头！这位学者拿起一块石头，细细地看了一会儿，然后告诉他们：这可不是一块普通的石头，它能够熬出一锅非常鲜美的汤羹！村民们用一种怀疑的眼光看着他，没有人相信石头还能熬出汤。于是，学者在村头支起一口大锅，装满清水，升起火，然后把这个石头洗净并放进了水里煮。当水沸腾后，他轻轻搅了一下石头汤，尝了尝说，味道果然鲜美，只是我没有带盐，你们谁家有盐拿点盐来。马上有人拿了点盐来，放入锅中。他又说，如果有虾米更好了。很快，有人找来了虾米。学者笑道，能有野菜更绝了。正好，一

个小女孩刚刚从山上采野菜回来，便洗净了放在锅里。接下来，学者还向大家借了一点味精、肉末、醋和酱油。此时，漫山遍野开始弥漫着浓浓的石头汤的香味。村民们惊呆了，原来连石头能够熬出这么鲜美的汤来，于是心里开始燃烧起希望。

这是一个现代寓言，也是一个真实的故事。这个石头就叫新教育。新教育实验就是我们所有的在座的各位把自己的实践、创造、热情装进了汤里，共同烹饪，结果我们创造了奇迹。新教育是我们共同的事业，我们都是新教育共同体中的一员。用我们的智慧与汗水，我们还可以烧出更多的美味。

在这四年的实验历程中，我们努力地实践着最初提出的四个改变。

第一，改变教师的行走方式。改变教师的行走方式是我们新教育实验的宗旨。新教育实验提出要有效地促进教师的专业发展，提出要让教师过一种幸福完整的教育生活，所以我们把教师的问题作为整个新教育的问题。这也是针对历史上的很多教育思潮、教育改革、教育实验，包括近年来中国教育改革的分析后提出来的。过去，我们关注教材、教法的研究，却很少关注教师问题。对于教师的生存状态与行走方式，研究者多多少少有所忽视。其实，教师问题往往会成为教育改革的瓶颈，直接或间接导致一些改革举步维艰。新教育实验试图将教师的发展放在首位，提出教师要享受教育的幸福，享受成长的幸福，享受自己发展的快乐，同时享受教育追求理想的成功。如今，

投身新教育实验的 503 所学校约有 5 万名教师，"教育在线"的注册会员有 16 万 3 千多人（经常登录论坛的大概有 25000 人），其中开了博客的也有近 1 万人。可以肯定，新教育实验已经影响了中国一个非常庞大的群体，一批普通的老师在实验中得到发展、成长。前不久，"教育在线"的论坛上有一个精彩的专题帖，参与实验的老师在上面诉说自己的成长故事。而当初共写《发生在"教育在线"的故事》的网友们，不少都已经开始享受事业的辉煌。

第二，**改变学生的生存状态**。教育的对象主要是我们的下一代，我们当然希望他们也能够过一种幸福完整的教育生活，通过塑造未来的公民而创造未来。培养什么样的人的问题在新教育实验的研究中具有非常重要的地位。我们期待新教育实验能培养既有民族情怀又有全球视野、既有本真的生命体验又有全面的科学知识并具有创造能力的未来公民。新教育实验把学生和教师的共同成长作为一个非常重要的目标。在实验中，我们一直期待孩子心里有梦想，脸上有笑容；期待师生真实真诚、平和平等的对话，努力教给学生终身有益的东西。到现在为止，参与实验的

我们一直期待孩子心里有梦想，脸上有笑容

学生大概有 80 万，我们也有了一批可以引以为豪的优秀孩子，他们在充满书香的人文世界中享受着成长的快乐。

　　第三，改变学校的发展模式。学校是我们共同生活的场所，是教育活动的中心。我们只有把学校改造成真正的学习型组织，成为真正的学习共同体，拥有杰出的校长，拥有优秀的教师队伍，拥有具有特色的发展模式，这样才能让学校得到真正的发展。在近期，我们组织专家队伍对所有新教育实验学校进行了全面考核，将学校的学习型组织的建设作为重要的考核内容。应当说，大家对 3 所示范学校及数十所优秀学校在实验中所取得的成绩颇为满意。一大批学校在新教育实验中成长了，发展了。

　　第四，改变教育科研的范式。长期以来，传统的教育科研范式基本上是"我和他"占主导地位。这种范式下，研究者将与自己的生活毫无关联的现象当成客观研究对象，当成静物来分析、研究，获得一些数据资料，认为这些数据和资料就是研究成果，就有它的价值，这就是所谓传统的、经验型的研究方式。我认为，教育研究是活生生的研究。在教育的领域中，研究者和研究对象都是主体，你和我并不是分体的，而是你中有我，我中有你，共同构成的这样一个最新的团体。这就是我们新教育实验为什么没有沿用传统的实验的方式来做的重要原因。因为我们觉得教育是一种真实的生活。

　　新教育实验已经走过的历程只有很短暂的 4 年，但是经过大家的共同努力，实验取得了初步的成果。首先，我们有了一批实验的成果。在这次会议上我们设立了陈列

室，明天我们还会在六一小学做更丰富的陈列和展示。这些成果表明，每个新教育人在行动的同时都在思考，没有思考的行动是盲目的，每个新教育人都有他自己的教育追求。新教育实验研究方面还出版了大量的论文，此外我们还有一线老师的教育随笔。这是新教育实验理论研究最好的丰硕的成果。我们很难统计，到底有多少位老师写了多少万字的随笔，出版了多少著作。我现在最大的感受是，经常会接到老师们给我发来的短消息，请我为他即将出版的书写序言。这方面我欠了很多很多的债，因为我实在没有那么多时间写序言，在此向大家致歉。但大家每出一本书我都会由衷地开心，我也期待大家有更多的成果。

　　同时，新教育实验引起了众多媒体朋友的广泛关注，他们对实验的真诚关注激励着我们往更高更远的方向努力。昨天下午，我们举行了一个媒体见面会，一方面是表示崇高的谢意，另一方面期盼大家提出批评甚至批判性的意见。有一些媒体人在报道新教育的过程中与我们有了更多的共识与共鸣，有的还加入了"追梦者"的行列。例如，《莫愁》杂志社的副总编马建强先生，他在对实验进行报道的过程中主动参与进来，最后成为我们新教育实验的项目主持人。还有章敬平先生，他曾是《南风窗》的主笔和《经济观察报》等媒体的主笔，他将实验比喻为"新希望工程"，让无数新教育人感到振奋。这些媒体的关注使我们在实验中有了更多的"同路人"，如无锡灵山基金会资助我们公益经费 500 万元人民币，台湾慈济基金会资助了价值 200 万元人民币的儿童图书，上海青年企业家王海波先生拿出 200 万元成立昌明新教育基金会……为了一个共同的梦想，越来越多的朋友走到了一起！

第二个问题，讲一下关于新教育实验的发展构想

"十五"期间，我们取得了一些成就，也经历了不少困惑，发现了一些问题。成就属于过去，困惑需要研讨，问题必须解决。那么，在"十一五"期间，新教育实验有哪些新目标、新做法？

第一个目标是努力成为中国素质教育的一面旗帜。

昨天中午，我在人民网的强国论坛接受了一个访谈，解读新颁布的《义务教育法》。我认为新的《义务教育法》有四个亮点：第一个亮点是强调了义务教育的国家行为和各级政府的责任，明确提出办学主体是政府，规定各级政府根据职责共同承担义务教育的经费安置，分项目、按比例分担，经费保障有比较明确的规定；第二个亮点是贯穿了教育均衡发展的理念，这次的《义务教育法》明确各级政府合理配置教育资源，特别强调要加大对薄弱学校的扶持和支持力度，缩小学校和学校之间的差距，不准办重点校和非重点校、重点班和非重点班；第三个亮点是把素质教育定为义务教育的目标和方向，即促进人的素质的全面提高。第四个亮点是对教师的权力、义务、责任与地位也作了明确的规定，明确提出教师平均工资水平应该不低于当地公务员的平均工资水平。

新的《义务教育法》的颁布是中国基础教育发展的一个里程碑。应试的压力、分数的压力已成为中国教育的一道枷锁，怎么样挣脱这道枷锁？怎么探索一条新的素质教育之路？我认为，素质教育比较共通的认识有三个基本特征：一是面向所有孩子的教育；二是全面发展的教育；三是可以持续发展的教育。素质教育是帮助教师和学生能有一种终身的自我发展能力的教育。

新教育实验在上述三个方面有自己明确的追求，它面向所有人。新教育实验新的教育理念是提升一切的人。我们希望所有的父母、所有的孩子、所有的教师、所有参与到教育活动中的人都能够得到全面持续的发展。新教育实验反对以分数来论英雄，反对用考试来评判教育过程。新教育实验的六大行动本身就是丰富多彩的，它提倡为人的终身发展而努力，教给孩子一生有用的东西。我们有理由期待新教育实验能够成为中国素质教育探索的一个典型、一面旗帜、一个品牌。

第二个目标是全力打造植根于本土的新教育学派。

我们曾在实验的第三次研讨会上提出"苏州学派"一词，陶西平会长也提出了"苏州学派"。但现在，我们致力于打造植根于本土的新教育学派。植根于本土，就是每个地区、每个单位、每片土壤都可以养育他自己的参天大树。对于这种设想，有人曾经提醒我说，你们离学派还很远！其实"谈派色变"是长期以来中国的学术制度以及孤立的学术格局所造成的一个现象，很多人都不敢谈学派。我觉得，提倡学派，既体现了我们的学术勇气，也体现了我们的学术追求。为什么我们不能有中国本土的教育学派呢？我相信我们应该能做得到！传统意义上的学派是局外人对局内人的一种称呼，被称作某一个学派的人，他自己并没有认识到，或者并不一定认同这样的称呼。有的人最初也没有想创建学派，很多学派是自然形成的。但学派是可以创建出来的，这关键要有一种学术的自觉。

所谓学派，无非理论和实践两个层面。在理论的层面，必须要有自己的代表性的著作和代表性人物。"十五"期间，我们就有了一些著作，但还缺乏鲜明的学术特性和理论体现。"十一五"期间，我们已经做了理论构建的规划雏形。代表人物不用说，我相信会更多地涌现出我们学派的代表。这个代表人物一方面可能是我们一线的老师，通过学术自觉到学术意识，通过丰富自己的理论素养，形成自己的理论追求和理论思想，成为新教育学派的理论代表。另一方面是有志于新教育研究的理论工作者，他们会走出书斋，走进校园，走进教师的生活，来丰富新教育的理念体系。两支队伍汇集起来，我相信应该能够涌现出一批代表人物，出版一些代表著作。这样，理论的构建自然会形成，学派的建立也会水到渠成。

在实践层面上，任何一个流派，必须有自己的代表性的实验基地和实验学校。今天在这里参加会议的代表来自全国数百所学校，他们在教育实践上已经进行了大量的实验性工作，只要在"十一五"期间坚持下去，自觉运用理论武装，自觉引导教师和学生真实地参加到新教育实验中，就是很好的实验基地。

上述两个梦想，是新教育人共同的期待和目标。这不仅需要总课题组的成员的努力，更需要实验学校师生们的不断努力。总课题组将尽全力为新教育人提供最好的服务。

在"十五"期间的新教育实验中，我们对"新教育"作了一个定义——新教育实验，是以教师的专业发展为基点，以六大行动为途径，以帮助新教育共同体成员过一种幸福完整的教育生活为目标的实验。这个定义相对比较简约。我觉得它大致反映了新教育实验对教育的一种理解和追求，特别是这句话：过一种幸福完整的教育生活。

任何教育理论，大致有三个最基本的要素，第一是它的本体论，第二是它的价值论，第三是它的方法论。本体论反映我们对教育的理解和认识。从本体论角度来说，我认为教育是一种特殊的生活方式，这就是所谓的教育生活；从价值论来说，我们认为我们所追求的教育生活，应该是幸福而完整的，可持续发展的；从方法论来说，我们主张通过营造书香校园等行动，以及通过"新公民新生命"的项目，来实现过一种幸福完整的教育生活。所以"幸福完整的教育生活"这句话，从本体论、方法论和价值论三个角度反映了我们的基本观点。

什么是幸福完整的教育生活？我认为有这么几个意思：

1. 教育就是生活。这句话是针对过去比较传统的理解——教育是为将来的工作和生活作准备，教育是为了未来的。教育本身就是生活，教育就是生活的方式，是行动的方式，教育作为促进美好生活的一种手段的同时，它本

> 从本体论角度来说，我认为教育是一种特殊的生活方式，这就是所谓的教育生活

身应该就是一种幸福的生活。

2. **教育是一种特殊的生活。**教育是一种生活，但它是一种特殊的生活，必须确保受教育的个体生命获得充分的成长，必须实现社会对于一个未来公民的希望。在这个意义上，它是一种特殊的教育生活。这样，我们在教育生活的基础上，又做了一些超越。这种教育生活，它是一种特殊的教育生活，但是又不能等同于学校教育生活。在家庭里，父母和子女的沟通；在职业生涯中，我们每个人的学习，都可以视为教育的生活。所以教育生活，应该是从摇篮到坟墓。

3. **教育生活应该是幸福的。**教育既然是努力去促进每一个人能够过一种幸福的生活，本身它应该就是幸福的。所以我们强调过一种幸福完整的教育生活，不仅仅是对教育终极意义的思考与追求，还是当下某一些激情的教育描述的一种结果。我们经常听到这样一种呼声：在应试教育的背景下，不少孩子的童年世界充满了失败，心里没有美好的梦想，眼中失去了凝望世界的明眸，他们失去了追求理想的冲动，失去了成功的情怀和感恩之心。如果是这样，教育哪有什么幸福可言？

4. **教育生活在追求幸福的同时还应该强调完整。**当今的教育现状，过于注重知识的掌握与技能的形成，最缺乏的是做人的教育，即德行的教育。我们期待教育能够真正全面和完善。

新教育实验的哲学基础是发展论、行动论，也可以说是发展哲学，行动哲学；心理学基础是状态论、潜力论和个性论；社会学基础是崇高论和和谐论。从发展论来说，最重要的是人的全面发展的学说。发展哲学毫无疑问是我们新教育实验的重要核心。过去我们提出的"为了人的一切，为了一切的人"，这实际上就是发展论的一个表述；过一种完整的生活也是发展论重要的指向。我们的行动论是"只要行动，就有收获，只有坚持，才有奇迹"，这也是实用主义教育哲学的一种升华。

发展哲学毫无疑问是我们新教育实验的重要核心

　　过去，我们五大理念中提出的重视精神状态、倡导成功体验、无限相信教师和学生的潜力、注重个性的发展、注重特色的教育，这次上升为三个"论"来作为心理学基础。我常说，死人和活人就差一口气，活人和活人就差一个状态，有状态就有激情，有激情就有行动，有行动就有收获。实际上人和人之间的差距，也是状态造成的。状态将成为我们重要的心理学的基础。此外，潜力论也是非常重要的一个依据。现在我们的老师动不动就给孩子一个标签，这个人怎样怎样，那个人如何如何。事实上每个人都能够成为他自己，都可以成就属于自己的梦想。教师也同样可以创造奇迹。如天津的特级教师张万祥，他在退休后又重新出发，重新恢复了一个教育工作者的执著与率真，创造了全新的辉煌。他最近出版了不少著作——而他在60岁以前没有自己的专著，他还带出了一批优秀的年轻人。昨天晚上11点，浙江的林正日老师发来短信，很遗憾地诉说了他的遭遇。他们苍南团队——"教育在线"苍南团队是非常优秀的团队，被集体困在温州机场，高速公路封掉了，飞机停飞了，他们不能赶来开会，所以只能遥望北京，感到非常遗憾。他们特意要总课题组向大家致意。山东青岛的苏静老师，一位年轻的小学老师，已经著作颇丰。如今她奔走于我们实验学校之间，演绎了太多的精彩。现行教育体制在个性论方面还存在问题，单一的教学评价模式试图把所有本来具有无限发展可能性的人塑造成统一的样子，而最好的教育应该是帮助每个人成为他自己，帮助他收获自己的精彩，我觉得这是我们的教育应该努力去做的。

新教育实验的社会学基础可概括为崇高论与和谐论。第一是崇高论。新教育的理念之一就是让师生和人类的崇高精神对话，这是新教育对于每一个个体和社会的一种期待。我们希望教育能够让人类不断地走向崇高。第二是和谐论。五大理念里面有一个"教给孩子有用的东西"，即帮助孩子对未来社会有所贡献，做出对社会有用的东西。人和社会的协调发展，我们把它称为和谐论。在促进每一个个体发展的同时，在帮助他今后成为一个公民的同时，他能够给予社会以回报，有一颗感恩的心，这是我们新教育实验所期待的。当然，新教育实验在它的知识论、课程论、学习观、教学观这些方面已经开始启动研究计划，它力求能够全面地梳理和提升整个新教育理论研究的基础。

第三个问题，讲一下新教育在"十一五"期间的行动创新

大家都知道，新教育实验的特色是行动。我们所提出

的"六大行动"已经成为自己的品牌。过去也有人提"七大行动"或是"八大行动"，这次，我们把大家都很熟悉的"六大行动"的概念进行定义，其排序也作了一个新的梳理。这个"新版"的"六大行动"是：第一，营造书香校园；第二，师生共写随笔；第三，聆听窗外声音；第四，培养卓越口才；第五，构筑理想课堂；第六，建设数码社区。第四项有变化，我们在"十五"期间称之为"双语口才训练"。第五项关于理想课堂的次序提前了。这个新的设计实际上反映了我们对实验的新的思考。前面4个实际上就是所谓的听说读写，这是新教育实验的行动内容，后面两个是行动的重要的载体：一个是课堂，一个是网络。这样，六大行动的逻辑体系就很清楚了。

一是营造书香校园。以前我们对"十五"期间所提的项目没有作过多的定义。什么是营造书香校园？即通过创设浓郁的阅读氛围，整合丰富的阅读资源，开展丰富多彩的阅读活动，让阅读成为师生最日常的生活方式。

像每天吃饭、睡觉、看电视一样，让阅读成为我们最日常的生活方式，进而推动书香社会的形成。我觉得这是这个概念事实上的定义。大家可以看出，我们对这个书香校园的建设应该说有一个比较清晰的认识。在书香校园的建设中，我们已经开展了一系列的活动，成立了专一化的团队，进行了阶梯性阅读研究。在过去实践的基础上，我们在苏州举办了一个研修班，邀请一部分教师对整个阶梯性阅读作讨论研究。专家们指导教师和学校开展阅读活动，进行有效的专业化的阅读。我们的中华经典诵读教材也已经编印，从过去的单行本"升级"为小学一年级开始一直到初中二年级每学期 1 册。希望有条件的实验学校从今年 9 月份开始启用这套书。此外，阶梯性阅读研究，即研究孩子们能读什么书、怎么开始阅读等，这是以孩子个性为背景的这样一种阅读活动。阶梯性的书目也会形成儿童书包。阅读节日设计方案也已经完善。今年的孔子诞辰日，我们在苏州举行首届阅读节，活动主要是书香校园（书香社区）建设。我们期待着通过一到两年的努力，在书香校园项目上形成非常具体的、可操作的一种新的方式。我相信这是"十五"期间新教育实验非常重要的成果。

二是师生共写随笔。即通过教育日记、教育故事、教育案例分析等形式，记录、反思日常教育和学习生活，促进教师的专业发展和学生的自主成长。

课题组曾就"自主"两个字进行过讨论，比较了好几个概念，最后我们选择了这两个字。为什么？自主成长就是在写的过程中发展。当然，这种形式是完全多样化的——包括师生一起来写故事，写班级的趣事，写学校的活动，写师生情谊。如教师的读书故事，办公室的成长，专题性的随笔，教学案例，等等。我们期望"十一五"期间这个行动有所升华和突破。"共写"的一个很重要的特点是"共"。"十五"期间，我们一直发掘"共"本身的魅力。在师生互动的过程中，在帮助学生学习的过程中，教师和学生共同成长。随笔仅仅是一个方式，成长才是我们的目的。教师可以把随笔写在批阅里，可以为每个孩子写信，写贺卡，写观察日记，这些就是师生共同编织的有意

教师可以把随笔写在批阅里，可以为每个孩子写信，写贺卡，写观察日记，这些就是师生共同编织的有意义的人生

义的人生。

三是聆听窗外声音。即通过开展学校报告会，参加社区活动等形式，充分利用社区教育资源，引导学生热爱生活，关注社会，促进学生形成多元的价值观。

在参加社区各种公益性的活动方面，我们设想在"十一五"期间，新教育实验学校对所有的教师和学生全面设计公益活动。每个学生的学校生活中，都必须有公益活动的积累，必须关注真实的社会生活，必须了解这个社会，而不是脱离社会、在象牙塔里度过他的学习生活。公益活动还包括利用社区的教育资源来进行学习，让学生热爱社会，热爱生活，关注社会，形成多元的价值观。孩子们应当知道，人生任何一个阶段都可以起飞，人生任何一个阶段都可以收获。

四是培养卓越口才。通过讲故事、演讲、辩论等形式，使师生愿说、敢说、会说，从而形成可以受益终身的自信心、沟通能力和表达能力。

我们这里所说的培养卓越口才，与以前所说的双语口才训练相比，不仅是行动名称的变化。这个改变出于几个考虑：第一，因为大部分学生，尤其"十一五"期间，我们更多面向农村的学校，让他们进行双语学习是很困难的。而培养卓越口才则是所有的学校都可以做的。在山西运城学校，我们看到孩子们一个个生龙活虎，一个个能说会道，这就多少达到了培养自信心的目标：相信自己，你才会有好的状态。培养卓越口才的另一个重要目标是沟通。不仅要教会说，还要教我们的孩子学会聆听。某种意义上，听比说更重要。有个学者说得好："上帝给了我们一张嘴，却给了我们两只耳朵。"聆听是尊重，聆听是学习。有效的聆听才可能让你获得更多的知识信息，才可能让你成为一个受欢迎的人。坦率地说，我们很多人不会聆听，无论是在这样的大礼堂中，还是在小会议室里，甚至只有两个人对话的时候，有些人都显得目中无人，不懂得怎么样去表达和沟通。我们要把这沟通能力教给学生。在"十一五"期间，我们将会进行更加系统深入的研究与指导。

五是构筑理想课堂。理想课堂项目启动于"十五"的中后期，是由打造特色学校的项目发展而成的。构筑理想课堂，就是通过创设平等、民主、和谐的课堂气氛，通过在人类文化知识和学生生活体验之间形成有机的联系，实现高效的课堂并追求个性的课堂。

课堂也是真实教育生活的一个重要的组成部分，这种生活应该是民主的、平等的、和谐的，注重把人类的文化指标体系和学生生活体验有机地联系起来。在提出实现高效的课堂的同时，我们追求个性的课堂，其中有效是基础。课堂是不是有效，是不是浪费学生的时间和精力，这些都是我们必须认真思考的。课堂还应该是和谐的，每个人都有自己对课堂的理解，对自身的理解，对学生的理解，对生活的理解，每位老师都可以演绎属于他自己的东西。"十一五"期间，在"构筑理想课堂"上我们会进一步升华"个性"这个课题的研究。在"十五"期间，我一直感觉这个行动最难，所以最初想绕开。不是说我对课堂不重视，我们知道教育活动如果忽略课堂就永远没有生命力，而是课堂研究有很大的困难。

六是建设数码社区。数码社区是新教育实验与生俱来的内容和特色。以网络为平台来进行实验、进行课题研究，这方面新教育实验尝试得最早。我们提出通过加强学校内外网络资源的整合，建设学习型的网络社区，让师生利用网络学习和交流。网络不仅是学习，交流也很重要，在实践中培养师生的信息意识与信息应用能力。网络对于我们每个教师的生存与发展，具有非常关键的作用。

新教育实验经历了一个不太漫长的发展历程，未来靠大家共同创造。我们有理由相信，在全体教育人的共同努力下，我们能把新教育打造成中国素质教育的一面旗帜，打造成植根于本土的新教育学派。

谢谢大家！

你如何理解生活

你就将拥有怎样的生活

你如何理解教育

你就将拥有怎样的教育

　　　　——朱永新《享受着教育的幸福》

共读共写共同生活

2007 年 7 月·山西运城

　　每次参加新教育的会议，都非常兴奋，也非常感动。因为我们全国各地的新教育人、新教育学校，每天都在演绎着精彩的故事，而会议上所呈现的故事，真的只是冰山一角。每次参加新教育的会议，我也很困惑，很犹豫。我们的理论研究、我们在实践基础上的提升，能不能适应这样一个不断壮大的团队？能不能适应新教育不断前进的步伐？能不能真正引领新教育人不断地超越？这给了我们很大的压力，所以每次作报告的时候我都很紧张。

童书是最美丽的
种子

昨天晚上，新教育基金会的理事长王海波跟我说，他在挪威看到一个一直难以忘怀的情景：卖鸡蛋不用售货员。鸡蛋就放在路边，一边是鸡蛋，一边是放钱的盒子。买的人自己拿鸡蛋，自己付钱，然后就走了。他问了很多实验学校的校长，大家都说做不到。

王海波先生不是做教育理论研究的，也不从事教育实践，他是个企业家，作为新教育基金会的理事长，他要给周围的人解释什么是新教育。我跟他讲，新教育就是心灵的教育，新教育就是让我们的孩子以后当会计不做假账，当医生不拿红包，当然，买鸡蛋自觉付钱，就更不用说了。就是从这些最平凡的最日常的生活中开始。

我们一直说，如果真正按照新教育的理念去做，真正让孩子、让父母亲、让老师、让全社会的人都能够拥有一个有童书伴随的童年，情况就会大不一样。我相信在芷眉（常丽华）老师班上成长起来的孩子今后和其他的孩子

可能就不一样。童书是最美丽的种子，童书和其他的书不一样，它没有海淫海盗，没有暴力，真善美都藏在其中。《特别的女生萨哈拉》、《一百条裙子》、《夏洛的网》、《爷爷一定有办法》，所有的童书都传递着

真善美的信息。这些信息并不是仅仅让孩子知道而已，它们还是种子。孩子成年以后，他是根据儿童时期接收的信息来建设他的世界的。未来的世界是由今天的儿童建设起来的，世界在一定意义上是由童书建立起来的。

所以不要小看童书这个项目，从一开始我就对它寄予了很大的期望，因为我觉得阅读的问题不是一个小的问题，不仅是一个教育的问题。昨天山西省教育厅厅长跟我说，新教育已经不是一个教育的问题，而是一个社会改造的问题。所以我们今天讨论的主题，共读共写共同生活，是一个已经超越了教育的问题。

我们应该庆幸，自己能够身处一个伟大的时代。但和所有快速崛起的时代一样，这个时代首先面临着共同价值崩溃的危险。当今社会，没有共同的语言，而没有共同的语言，怎么可能拥有共同的理想、共同的道德标准和共同的价值观呢？

就在前不久，中共中央总书记胡锦涛同志在中央党校发表了一篇重要讲话，他在讲话中强调了一个非常重要的东西："要大力建设社会主义核心价值体系，巩固全党全国各族人民团结奋斗的共同思想基础。"怎样才能建设核心价值体系？过去我们是通过开动宣传工具，开动舆论工具，能解决问题吗？我觉得不能。通过一些人在象牙塔里贩卖道德文献，能解决问题吗？也不能。更多的人在大街上、在集市里、在工厂里、在田野上为生计而奔波，而当他们脱离了贫困线之后，由于惯性，他们仍然只是一群被饥饿感驱使着的追逐面包和金钱的拜金主义者。

未来的世界是由今天的儿童建设起来的，世界在一定意义上是由童书建立起来的

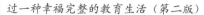

如果不从儿童开始，是无法形成核心价值体系和共同思想基础的

那么在我们的学校里呢？学校这个本来应该最温馨最纯真的地方，这个寄托着未来社会的美好和希望的地方，又是什么样的呢？很多教育人埋怨社会。我一直讲，你千万不要去埋怨社会，今天的学校就是明天的社会，社会的影子在学校的每一个角落，在课堂的每一分钟都可以捕捉到。在学校里，同样存在着共同语言、共同价值和共同道德濒临崩溃的危机。就像全社会陷于拜金主义的风潮一样，我们的学校目前正深陷于"拜分"主义和市场主义。甚至我们不能不怀疑，是不是只有分数才是学校师生之间、家长和教师之间、校长和教职员工之间、学校和社会之间的共同语言。

机械的应试教育既毒害了一批批青少年的身心健康，又严重违背了国家关于实施素质教育的政策，更不能为未来的社会造就有创新能力、有公民素养的新人。但是，由于教育的无方向性，由于科举文化与应试教育的惯性，由于没有终极价值的引领，由于长久以来形成的不安全感和无力感，整个社会和绝大多数学校依然沉溺其间而无力自拔——这已经成为我们民族的一个潜在危机。因此，全社会的核心价值体系和共同思想的形成，应该从学校开始。这是我对胡锦涛同志在中央党校的这个讲话的一个特别的理解。现在全社会还没有形成这样的共识，都以为核心价值体系的建设是通过舆论的工具、通过灌输宣传就能解决的，事实上不是这样的。如果不从儿童开始，是无法形成核心价值体系和共同思想基础的。

无论是学校还是社会，我们亟须重建共同的语言，

我们亟须拥有共同的价值，我们同样亟须以真诚的共同行
动，来创造共同的未来。为此，我们首先需要拥有共同的
历史、共同的英雄、共同的文化符号、共同的心灵密码。
也就是说，我们亟须通过共读，通过对话和文字的交
流，也就是共写，来实现真正的共同生活。这就是今天我
们讨论这样一个主题的背景。

共同生活的努
力，也是整个社会逐
渐民主化的过程

一、共读共写共同生活，是过一种幸福完整的教育生活的一条必由之路

共读，是一个班级、一个家庭、一所学校、一个社
区、一个国家乃至于整个人类，通过阅读继承共同的文化
遗产，拥有共同的语言和密码，从而能够共同生活的最重
要的途径之一。它是超越了学校范围的。

共写，是指同学之间、师生之间、亲子之间乃至于整
个社会，通过反复交互的书写，彼此理解，并在不断的自
我反思中加深认同、体认存在的过程。

共同生活，是指同学之间、师生之间、亲子之间、社
区成员之间乃至于东西部之间、所有公民之间，通过共读
共写共同行动等途径彼此沟通，相互认同，在保持差异性
的同时不断地消除隔阂，并逐渐拥有共同的愿景、共同的
未来。共同生活的努力，也是整个社会逐渐民主化的
过程。

共读、共写、共同生活，意味着这样一种文化上的
努力，即恢复书香传统以及书写传统，在现代生活背景

下，通过对传统文明以及人类文明的反思与继承，逐渐形成新的价值观，将班级、学校、家庭、社区、国家重新凝聚起来，冲破个人主义屏障，打破人与人之间相互隔离的状态，恢复生活的整体性和人与人之间的联系，从而不断地创造新的更加美好的未来。

在共读共写共同生活方面，新教育实验将作出这样一些努力——

努力打破教科书和教辅资料一统天下的格局，恢复师生之间、亲子之间的共读传统，为每一位孩子寻找此时此刻最适合于他的书籍，让师生、亲子沉浸在民族乃至人类最伟大的作品之中，恢复与传统的血脉联系，恢复师生之间被应试教育所异化的密切联系。我们同时期待从书香校园的建设走向一个真正的书香社会。

我们将努力倡导真正意义上的写作，将写作与生活联为一体，并成为反思交流的重要手段。在这个意义上，通过师生、亲子之间的相互书写，通过师生、亲子之间的言语沟通与交流，将彼此的生命编织在一起，从而尽可能地消除隔阂，避免相互隔膜、相互对立甚至相互伤害，使人类生活的真正经验能够

通过共写在彼此之间传递、流动。

德国著名社会学家滕尼斯写过一本书——《共同体社会》。在这本书里，他说共同体和一般的社会是不一样的，共同体是持续的和真正的共同生活，社会只不过是一种暂时的和表面的生活。因此，共同体本身应该被理解为一种生机勃勃的有机体，而社会只是一种机械聚合。这理解起来可能有一点难度，但如果把它放在现实生活中就比较容易理解了。比如，一个班级就是一个共同体吗？未必。当它的人员只是暂时、表面地在一起时，它不是一个共同体，因为它没有真正意义上的共同生活。班级如此，学校如此，社会也是如此。只有拥有了共同的核心价值体系、共同的话语、共同的愿景，这个时候，它才能成为真正的共同体。我们新教育人就要努力打造一个属于我们的共同体。

佐藤学在《学习的快乐——走向对话》里有一段我非常欣赏的话，这段话是对我们的一个非常深刻的提示："作为共同体的学校，不仅是儿童们合作的相互学习的学校，也是教师们作为教育专家合作的相互学习的学校，还是家长和市民参与学校教育合作的相互学习的学校。"他说作为这种学习共同体的学校的构想，是对 21 世纪学校未来的展望。我们确信，基于这种思想的学校改革，是一种静悄悄的革命，将会成为 21 世纪教育改革的一大潮流。佐藤学断定，21 世纪学校改革的走向就是组建真正的学习共同体，也就是我们所讲的共同生活。我们新教育实验提出这样一个理念，暗合了教育的一种最前沿的发展取向和价值。

　　通过共读共写共同生活，以及课堂等场合的平等自由的交流，我们希望师生之间乃至于亲子之间，能够拥有真正的共同生活。不但生活在共同的空间里，而且生活在共同的精神背景下，逐渐疗治被畸形竞争隔开的彼此孤独的心灵，更强调人与人之间的合作与和谐。同时，我们也将致力于推动在共读共写背景下的共同体建设，教师之间、学生之间、师生之间、班级之间、学校之间……应该建设更多的基于理解的共同体，从而恢复教育生活的完整性。我们还将通过新教育"每月一事"等实实在在的共同行动，帮助教师与学生拥有完整的生活。在此基础上，我们将更致力于推进各种学习型组织的建设，并使之成为真正的学习型社会的坚实基础。

二、共读共写共同生活与文化认同

　　我们倡导共读共写共同生活，首先要解决的一个问题就是我们自身的认同——既包括我们每个个体的自我认同，也包括民族自身的文化认同。也就是说，为了使我们的存在充满意义，我们必须回答以下问题：我们是谁？我们从哪里来？我们到哪里去？但如果不存在一个"我们"，而只有像沙砾一样的一个又一个"我"，那么这些问题就不可能被提及。

　　如果没有共同的神话与历史，没有共同的英雄与传说，没有共同的精灵与天使，没有共同的图画与音乐，没

首先要解决的一个问题就是我们自身的认同

有共同的诗歌与小说，我们就不可能拥有共同的信仰、共同的道德标准和关于未来的共同愿景，也就没有所谓的核心价值体系和共同思想基础，我们的社会就只能是一群乌合之众。除非我们拥有共同的信仰，拥有共同的英雄与历史，拥有共同的语言，否则社会上的每一个个体往往就只是没有灵魂、没有身份的芸芸众生中的一个，未来的社会就会成为个人主义猖獗的场所，而不可能成为我们共同的家园。

现在，这一切都因为虚无主义、怀疑主义、西方文化中心主义和狭隘的民族主义而遭受侵害

身为一个中国人，身为由数十个民族组合而成的大中华民族的子孙后代，今天我们竟面临着前所未有的茫然：我们从哪里来？我们究竟是谁？我们是不是龙的传人？我们是不是炎黄子孙？我们是不是儒家文化的传人？我们是不是拥有诸子百家和唐诗宋词的伟大民族？我们是不是拥有"二十五史"所记载的那些伟大朝代的历史？现在，这一切都因为虚无主义、怀疑主义、西方文化中心主义和狭隘的民族主义而遭受侵害。

在民族文化认同上，现在有两种非常有害的极端，在"教育在线"上也好，在日常的讨论中也好，经常会遇到这两种极端。因为真正的民族情怀在我们整个社会中还

没有形成，因此我们要么是彻底的西方化，要么就是彻底的狭隘民族主义。彻底的西方化往往是打着全球化的幌子在进行的，并把西方化伪称为全球化，把西方的某些价值等同于普世价值。在这种思想的影响下，有人已经不再认同龙为我们民族文化的象征，不再承认我们灿烂的历史和文明是人类的一朵奇葩，这种思想的结果是摧毁了我们共同的文化圈，让中国人无家可归，无从依托，没有灵魂，没有信心。而一个没有民族认同感和自豪感，没有国家认同感和自豪感的人，又如何能够积极地投身于辛苦的事业，为创造共同的未来而付出？

今年"两会"期间，重庆市委书记汪洋非常推崇《世界是平的》这本书。我写了一篇书评，我说我们不要掉入它的陷阱，世界是平的又不是平的，这本书认为全球化会日益彰显民族的特色，我觉得未必如此。事实上我们这个民族在全球化的浪潮中已丢失了很多，从衣服到语言到习俗，方方面面我们几乎每天都在丢失。我们不能陷入彻底的西方化，因为这将摧毁我们的文化圈，让我们无家可归。人最重要的是精神家园。当希伯来语成为化石的时候，犹太人同样可以重新建国，因为犹太民族从来没有丢弃自己的精神家园，所以它能成为一个伟大的民族。所以一个民族最可怕的是丢弃了自己的灵魂，丢弃了信心，丢弃了精神家园。

与西方化相对的另一种极端的观点则是拘泥于血统的狭隘的民族主义，它否认中华民族是一个不断融合的大民族的历史事实，只把历史的某一段当成正统的中国史。

一个民族最可怕的是丢弃了自己的灵魂，丢弃了信心，丢弃了精神家园这种狭隘的观点会导致我们的视野与思想的封闭，并且在我们民族内部制造不和谐的声音，让一个共同的家园变成不和谐的古战场。这两种极端的思想都是有害的，都不利于我们拥有一个共同的未来。

一个人的精神发育史就是他（她）的阅读史，而一个民族的精神境界，取决于这个民族的阅读水平。这是我在所有场合几乎都会讲的一句话。为了寻找到我们自身，我们需要共读我们的神话与历史。通过共同阅读盘古开天地和女娲造人、后羿射日和嫦娥奔月、精卫填海和夸父追日、炎帝与黄帝的战争与结盟，我们将真正地成为同一个中华民族祖先的文化后裔。

然后，通过阅读希腊神话和希伯来神话，通过阅读世界历史，通过阅读美洲的发现和南北战争解放黑奴的历史，了解其他民族所拥有的历史与传说，我们便和整个人类的文明在更大的生物圈里融为一体。所以，阅读和我们的民族文化认同有着非常密切的关系。当然，共读共写共同生活与建设和谐社会的关系也是非常密切的。

三、共读共写共同生活与共同价值

我们曾经有过伟大的共读共写共同生活的传统。千百年来，四书五经这些儒家经典曾经把我们的祖先紧紧地团结在一起，他们拥有完全相同的语言，而这些语言也有着相似的解释：礼、仁、智、义、勇、孝、悌……在对这些共同经典的解读中，人们逐步形成了共同的价值体系与思想基础。

数十年前，我们也曾有过一个短暂的共读历史，通过共同阅读马克思主义学说，一个民族又一次拥有了共同的语言。

我们提起这些，并不是缅怀失落的过去，更不是提倡大家把四书五经或者某部哲学经典作为我们这个时代共同语言的唯一来源。只是从历史身上我们不得不看到这样一个事实：只有拥有共同语言、共同经典的民族才是一个民族共同体，而不仅仅是聚集在一起的人群；只有拥有共同基本立场与价值观的社会才是一个真正的社会共同体，反之，就是一盘散沙。

没有共同价值、共同愿景的一群人严格来说称不上一个真正的社会，更谈不上是一个共同体，而只能是一群乌合之众。

时代在发展，共同的价值已经不可能再由谁来强制规定。在这样的背景下，我们真的只能听任共同的语言慢慢丧失？听任共同的价值、标准逐渐从我们的生活中消失？听任一个历经苦难好不容易又开始走向复兴的民族成为一群乌合之众？

是的，许多迹象表明，一切并不令人乐观。正如安·兰德在《通往明天的唯一道路》中说的："一个人如果不知道人性的伟大为何物，心中也没有具体的形象，那么要保留对生活美好的幻想是很困难的。每天，当你阅读当天的报纸标题时，你会发现自己变得越来越猥琐，距离希望越来越遥远。如果你转向现代文学，想从中找到一些人性美好的东西，却往往发现那里面尽是些从三十岁到六十岁不等的罪犯。"这正暗示着整个人类社会所面临的困境。

梅子涵先生在给我们的"毛虫与蝴蝶"书包写的序言里面曾经讲到："童年在童话的故事里，长大之后，人们就会按照童话里面的理想和秩序来建设自己的人生，世界就是这样美丽起来的。"如今，阅读的形势并不好，但是我们坚信我们仍然大有可为，我们仍然有力量从过去的岁月里，从人类的文明史上，从民族的发展史上找到我们共同的神话、共同的英雄，进而形成共同的价值与标准，并用那些高尚的标准来使未来的人们从平庸的偶像崇拜中挣脱出来。

用那些高尚的标准来使未来的人们从平庸的偶像崇拜中挣脱出来

和世界上其他民族相比，我们整个民族的阅读水平令人忧虑。有调查表明，我国国民阅读率呈持续下降态势。目前，有读书"习惯"的中国人大概只有 5%。在所有阅读匮乏的重灾区中，西部儿童的阅读状况相对是最恶劣的，它所引发的问题也最为严重。不是说经济发达、教育发达的地区就没有问题，而是说问题的严重程度，和教育背景有密切的关系。许多原本善良天真的孩子，在应该大量阅读的时期没有得到阅读的滋养，又过早地步入社会，面对着社会的一些残酷和世俗，善良的天性很快地被扭曲，这其实也是大量"马加爵"涌现的主要原因之一。与此同时，许多西部老师至今还认为读课外书是不务正业，这使本来就贫瘠的西部儿童阅读雪上加霜。

对于我们的儿童和我们的社会来说，大致有三种未来。

其一，通过父母和政府、学校的努力，东部发达地区的儿童在他们的童年晨诵了许多美妙的诗歌，阅读了许多美妙的童书，写下了他们美丽的童年生活，参加了丰富的艺术、体育、公益活动，在《小王子》、《彼得·潘》们的保护下，在桑桑和杜小康们的陪伴下，成长为未来社会的合格公民；而与此同时，西部的儿童却因为历史的原因，因为经济的原因，因为人们的冷漠与短视的原因，他们的童年没有这些最能够丰富心灵的营养品，没有与同伴、老师、父母分享和交流的快乐，没有能够愉悦他们身心的活动，而只有凶杀与言情的电视剧和明星们的绯闻。当这两种状况在未来的某一处汇合的时候，我们能够想象一个怎样的明天？

　　还有一种悲观的可能，是应试教育最终战胜了我们的一切努力，在被应试教育摧残身心之后，在被拜金主义大潮扫荡过后，在高耸的钢筋水泥与玻璃大楼之间，虚无的一代像互不相关的沙砾一样存在于未来。

　　当然，我们还可以拥有第三种未来，那就是通过新教育人，以及所有和我们有相同志向的人们的卓绝努力，所有的孩子共同沐浴于美妙的诗歌里，共同陶醉于神奇的童话里，共同生活在伟大的历史与神奇的科学世界里，沿着彩色的阶梯健康地成长。我们可以想象一下：一个生长在西部农村，但阅读过《小王子》的男孩长大成人之后，一个生长在乡下偏僻的角落，但画过"一百条裙子"的女孩长大成人之后，当他们来到繁华的大城市的时候，难道会那样简单地因为贫穷而成为"马加爵"？而更重要的是，未来已经长大了的孩子们，会因为在童年时读过相同的书籍而拥有共同的梦想，拥有共同的语言密码，可以无阻碍地沟通，可以真正地生活在同一个社会、同一个时代、同一个世界，从而拥有同一个梦想。

是的，未来的孩子——无论是东部的孩子还是西部的孩子，无论是男孩还是女孩，他们共同的偶像不应该是由小报制造并传播的那些充满绯闻的明星们，而应该是一个民族以及人类文明史上那些最激动人心的真实英雄与文学形象。他们象征着那种高于金钱的核心价值与目标，而这些，只能通过今天的共读共写，以及今天就开始的共同生活来实现。

四、共读共写共同生活与美好家庭

在今天，不要说整个社会的共同语言已经开始丧失，即使是在一个家庭里，在夫妻之间，在父母与孩子之间，也同样存在着共同语言沦丧的危险。

前不久，"教育在线"网站上有人转贴了一个叫陈鲁直的 10 岁男孩写的一首小诗——《我们孩子的痛》。

> 我们这些小学生，
> 痛苦实在太多太多，
> 在我们这年头，
> 光是思维就已被大人侵入。
> 即使不被侵入，
> 也已经陷入黑暗。

因一点小错误而挨骂，

因成绩不理想而被斥责。

因想考上好中学而被迫奔波于补习班，

这些都是大人制服我们的军队。

劝告和警告，都是间谍。

优等生是指使它们的统领。

他们用它们来劝我们投降。

打骂更是大人的攻城器具，

这已足以让我们恐惧。

我只是想通过这首诗，

给那些大人提示。

如果你们觉得语言过激，

那我就告诉你一个道理：

当局者迷，旁观者清。

其实，这个孩子也并不是清醒的旁观者，但孩子毕竟是无辜的。如果我们成人的世界和孩子的世界竟然是敌对的两个世界，或者父母与孩子只是因为共赴中考与高考的难关而紧紧联系在一起，那么我们确实应该反思，作为父母的意义、家庭的意义究竟在哪里？

克里希那穆提曾经说过，许多父母由于全神贯注于他们自己的问题中，"于是把使孩子幸福的责任推给教师"。的确，许多父母因为生存的压力、工作的压力、住房的压力，把所有的精力都放在了为生计而奔波上了。他们对"家"的理解，已经仅仅是宽敞一点的房子和宽裕一点的经济，而把教育子女的任务，大部分推卸了出去，交给了学校和家教，甚至听任孩子在社会上、网吧里不知不觉地接受那些低俗文化的影响。而那些重视对孩子进行教育的父母，也仅仅把教育视为提供学业成绩，或者通过参加兴趣班、艺体班提高用来相互竞争的"综合素质"的东西，并没有多少家庭在进行真正的全人的教育。最好的家庭教育，本该从"亲子共读"开始，从父母与孩子的分享开始，从父母与孩子的共同活动开始。据调查，能够经常和孩子一起读书的家庭，即使在北京这样文化教育最发达的城市，其比例也不足 20%。没有亲子共读，孩子们往往处于一种人生的盲目之中，他们敏感的幼小心灵，就非常容易被其他不良的声音所捕获。

最好的家庭教育，本该从"亲子共读"开始

台湾地区的家长普遍知道，浇花要浇根，教人要教心。从小培养儿童注意周遭的人、事、物，要有所感觉、感触、感动或感恩，这是教育的真正本质。阅读对于儿童来说是他生活的一部分，因为阅读使他对事物的看法更精确，因为阅读使他对生活事件更敏锐，因为阅读使他对人与自然产生感情，从而人生才有意义和价值的操持。因此，儿童阅读"读好书"比"读多书"更重要，"如何读"比"大量读"更重要，"读适合的书"比"读好书"更重要，每一个学习的关键期有其适合导引的图书可阅读。因此，在一定意义上可以说，父母与老师的任务就是选择和导读，而且是和孩子们一起来共读，就像哲学大师卡缪说的：

> 请不要走在我的前面，因为我不喜欢去跟随；
>
> 请不要走在我的后面，因为我不爱充领导；
>
> 我只期望你与我同行。

在《朗读手册》的扉页上有一首诗，是曾经最受美国人喜爱的诗歌之一：

> 你或许拥有无限的财富，
>
> 一箱箱的珠宝与一柜柜的黄金，
>
> 但你永远不会比我富有，
>
> ——我有一位读书给我听的妈妈。

现在，当我们新教育人明确提出"共读共写共同生活"的时候，我更加深刻地理解了美国人喜爱它的原因。越来越多的事实证明，亲子共读是一个孩子未来的智力发展和人格获得充分发展的必要保证。从国外的许多研究也可以看出，有早期亲子共读经验的家庭，儿童的发展与终身的成就，远远超过没有早期阅读经验的家庭。这样的故事，在《朗读手册》中间可以随处看到。亲子共读，从科学上来说，就是用最温暖的方法，用最不着痕迹的方法，让孩子掌握"阅读"这一人生最重要的学习武器。而且，因为学会了阅读，他会爱上阅读；因为爱上了阅读，他会在今后的学习上持久地领先，在一生的学习、工作中取得成功。

让孩子掌握"阅读"这一人生最重要的学习武器

很多人一再质疑，说你一再强调阅读，我们的孩子哪有时间阅读？阅读能够解决分数的问题吗？我经常和他们说，你根本不用担心，芷眉老师班上的孩子你会担心他的学习成绩吗？英国有一个阅读计划，就是在对 1 周岁孩子进行健康检查时，随机给 500 个家庭提供亲子共读的家庭书包，过了 10 年以后，通过与其他家庭跟踪对比的研究发现，这 500 个家庭的孩子，智力背景、学业成绩远远超过了其他家庭的孩子。所以，阅读是非常重要的背景。

而比这个更重要的是，通过亲子共读，通过父母向孩子传递那些最最重要的语言密码，父母与孩子才真正成为一家人，而不仅仅是生活在同一个房间里的"陌生人"。昨天听到"毛虫"们讲述他们开展亲子共读故事的时候，我特别感动，我觉得亲子共读不仅是教育的问题，而且已经是改造社会的起步了。通过亲子共读的活动，可以改造很多父亲，改造很多母亲，改造很多家庭，从而改造这个社会，当然还可以改变世界。

事实上，这样的"陌生人"家庭在今天的中国大地上可谓十分普遍。在这样的家庭里，父母操着一套语言，讨论他们的工资，讨论同事的是非、股市的涨落；而孩子们则沉溺于他们的"还珠格格"和"五阿哥"，再大一点，则用的是网络上令成年人感到陌生、惊讶与恐慌的符号和语言。他们完全生活在两个不同的世界里。

这样的家庭发展到极点，就会出现大的危机。就在今年 6 月份，广东瑶台一位 16 岁的王姓少年残忍地杀害了自己的母亲，砍伤了自己的父亲。我们无须再去追究这种频频发生的家庭悲剧后面的细微原因，作为一种社会现象，我们不得不认识到，父母与孩子没有共同的语言，没有相互沟通的心灵密码，已经成为一个时代的危机。

我们一直认为，与孩子一起成长，是家庭教育最重要的理念。克里希那穆提在《一生的学习》中说，"正确地教育我们自己，非常重要。关切我们自己的再教育，远比为了孩子的未来幸福和安全焦忧来得更迫切"。而恢复亲子共读传统，在家庭中实现共读共写共同生活，是实现每一个家庭的幸福生活的可靠途径。我们应该提倡从"亲子共读"开始，从每一个家庭开始，来实现一个民族复兴的希望，一个拥有共同价值与理想的未来社会的希望。而亲子共读中的父母们，他们又需要我们教师——教育的专业人士——去加以引导。就是在这个意义上说，学校应该成为社区的文化中心，学校应该领导父母亲一起来完成对青少年的教育。

所以，和谐社会的构建、美好家庭的构建，亲子共读非常重要。我们新教育实验推出新父母教育的时候，一开始就提出了这个问题。

五、共读共写共同生活与校园文化建设

令人遗憾的是，因为没有对经典的共同阅读，因为没有师生之间真诚的共读与对话，因为许多教师自身没有把阅读当成一生学习的重要途径，因为没有学生与学生、学生与教师、教师与教师之间的真正意义上的共同生活，许多学校不要说成为社区的文化中心，相反已经沦为精神与文化的荒芜之地。

> 许多学校不要说成为社区的文化中心，相反已经沦为精神与文化的荒芜之地

20世纪初，我们曾经有过一个短暂的名校林立的辉煌。当时有两所著名的基础教育名校，即所谓北有南开，南有春晖。这是怎样的两所学校？他们有什么东西值得我们今天学习？我们不妨来看一下南开的校歌：

　　　　渤海之滨，白河之津，巍巍我南开精神，汲汲骎骎，月异日新，发煌我前途无垠。美哉大仁，智勇真纯，以铸以陶，文质彬彬。渤海之滨，白河之津，巍巍我南开精神。"

再来看看春晖中学的毕业歌：

　　　　碧梧何荫郁，绿满庭宇。羽毛犹未丰，飞向何处？! 乘车戴笠，求无愧于生。清歌一曲，行色匆匆。

　　我们已经无从领略当年的大师们、当年的学子们在这样的歌声中、在那样的校园里是如何孜孜于学习、汲汲于真理的。但是，我们依然可以从这样的歌词里感受到他们对历史和民族的虔诚，感受到他们超越小我、超越现世的那种大气磅礴。教育需要这样一种大气。

　　有那样的大师存在，有那样的人生导师和莘莘学子共读经典，指点江山，激扬文字，那么一所小学、一所中学就是真正的大学；反之，今天大楼耸立的大学校园里，因为没有拥有高尚操守的大师，仅仅是面积大、人数多的一个地方而已，而没有所谓的大学之大。

　　缅怀过去，只是想追寻一个问题的答案：我们如何让学校重现魅力？如何让学校再次成为社会的文化中心、文明中心和创造中心？如何让在其中生活，在其中度过青春或一生的师生们真正过上一种幸福完整的教育生活，而不是一手交钱一手交给答案与分数的知识贸易市场，更不是恩格斯曾经抨击的智慧与心灵的屠宰场？

答案很明显，通过建造高楼，通过张贴广告，我们无法让学校成为我们想要的文化策源地和文明的焦点，甚至通过高价引进名师也不一定能够实现这个目的。而即使因为极高的升学率而成为令世人瞩目的"高分名校"，我们也依然无法认可这是一个为实现我们上述的理想而努力着的理想之地。

杜威在《我的教育信条》中说，学校应该"相信教师所从事的事业不单纯是对个人进行训练，而是形成正常的社会生活"。应该认识到工业化的发展和城市中心的扩展破坏了人们的集体感，使人与人之间相互疏远，而抗拒这股潮流是学校义不容辞的职责。

要实现这个目的，其中一个重要的方法就是"共读共写共同生活"。通过教师与学生、子女与父母的共同阅读，对社会重大问题的共同关注与探讨，来形成相互之间的依赖感，并建立合作的精神。正像新教育实验"毛虫与蝴蝶"项目中所呈现的故事那样，尤其是芷眉老师的故事中所呈现的那样，通过与更多的家庭共读一本书，共同思考一个社会问题，父母的视野会逐渐地从自己的子女身上，扩展到整个共同体的命运上。这样，原本相互竞争的家庭，成了一个大共同体中一道学习与生活的合作者，成了真正意义上的"一家人"。

"教育在线"的老网友看云（薛瑞萍）老师有一本书非常有名，它的书名叫"给我一个班，我就心满意足了"。这是一个令人遐想的好书名，在这句话里有着相当的气度。只有既像一个古老的农民那样朴素地对待教育，又像一个现代的艺术家那样充满创造性地对待自己的职业的人，才能说出这样的话来。而只有与自己的学生一道晨诵美妙的诗歌，一道阅读经典——中国的经典和世界的经典，一道编织有意义的生活，一道经历生命中的悲喜，才能够真正地拥有一个班，就像拥有一块辽阔的土地、一个永恒的历史。

我们欣喜地看到，在"毛虫与蝴蝶"项目中，有许多像芷眉老师和看云老师那样，把为了孩子们一生的幸福视为自己的职责所在的老师。我相信，他们才是我们民族真正的希望所在，是我们的教育的希望所在——他们通过共读共写共同生活，将书本与自己的生命、与孩子的生命，并进而将自己的生命与孩子的生命，将那么多家庭的命运紧紧地凝聚为一个共同体。

"给我一个班，我就心满意足了"的另一面是：我的班级我来承担！

老师们，孩子们今天的幸福，明天的命运，整个社会未来的可能性，全掌握在你们的手中。我经常跟我的很多朋友，跟许多老师说，你不要去埋怨社会，事实上这个社会是我们建立起来的。今天你班上的学生，今后他很可能就是一位市长、一位省长、一位国务院总理，重大的决策将由他们制定。而他们的信念、他们的理想、他们的价值观念、他们的思想基础，都是在我们学校中开始形成的。让知识焕发出它无穷的魅力，让课堂焕发出自主、对话的生命力，让诗歌和书籍成为我们共同的语言与密码——你们要相信，在这样的努力中，我们开创着一个令人向往的未来。未来不是别人赐予我们的，而是我们自己创造的。

未来不是别人赐予我们的，而是我们自己创造的

六、共读共写共同生活的理论基础

但是，仍然会有许多教师担心："共读共写共同生活"听起来很美，只是，没有了分数我们无法生存啊。只有等到我们拥有了分数，或者说闯过了分数关，我们才能够来"共读共写共同生活"啊。

要回答这个问题，我们必须从社会学和教育心理学的角度来进一步考察"共读共写共同生活"的意蕴。也就是说，我们需要从"伦理上规定应该怎样做"与"依据学习规律怎样做更有效一些"这两个方面来分析。伦理学和心理学的背景，是任何教育理论的最重要的背景，一个是解决为什么这么做的问题，另一个是解决怎样做的问题。这其实也正是"共读共写共同生活"的重要的理论基础。

从这两点来考察，我们可以先简单地给出一个结论：从教育的正确目的（为了国家与社会的，为了全人类与未来的，为了个人的真正发展与幸福的）来看，教学本该是

在共同生活的过程中授予学生知识的过程而不应该只是授予一个个体在竞争中获胜的知识；从哪一种学习最符合心理学规律（也就是学生的认知规律或者学习的规律）、能够长久取得优秀学习成绩的角度来看，以共读共写共同生活为背景的学习，将学科知识与更宽广的背景相结合的学习，是最能够持续发展的学习。

正如杜威在《民主主义和教育》中所说："人们因为有共同的东西而生活在一个共同体内……为了形成一个共同体或社会，他们必须共同具备的是目的、信仰、期望、知识——共同了解——和社会学家所谓的志趣相投。""人们住地相近并不成为一个社会，一个人也并不因为和别人相距很远而不在社会方面受其影响。一本书或一封信，可以使相隔几千里的人们建立起比同住一室的住户之间存在的更为紧密的联系。"

只要一个社会不想因为仅仅培养个体残酷的竞争力而使自身充满着冷酷和暴力，而是期待在竞争和合作之间形成一个平衡，形成一个拥有共同愿景与语言的有机共同体，那么家庭与学校中的"共读共写共同生活"就值得我们大力提倡。

而在更高的哲学与人类学的层面，我们提倡"共读共写共同生活"有着更为深远的意义。大家都听说过"巴别塔"的神话：最初人类同操一种语言，因此人们的语言、思想和情感彼此相通，大家和睦团结地生活在一起，人类的力量因此而越来越强大，于是他们想合力建造一座通天

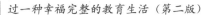

之塔，以便能够重返伊甸园。上帝对人类的力量非常震惊，于是变乱了人类的语言，使人类相互之间不能沟通。人类建造通天塔的计划，因为语言的不同而破产。

这个神话故事用德国哲学家洪堡特在《论人类语言结构的区别及其对人类精神发展的影响》中的话来说，就是"每一个人，不管操什么语言，都可以被看作是一种特殊世界观的承担者。世界观本身的形成要通过语言这一手段才能实现……每种语言中都会有各自的世界观"，"语言仿佛是民族精神的外在表现；民族的语言即民族的精神，民族的精神即民族的语言"。

因此，我们首先应该改变那种鼠目寸光的语言观和阅读观，即我们必须认识到，我们的汉语和汉字，用汉语和汉字书写的一切作品，它们不仅仅是工具，而首先是我们存在的家园，是我们栖息的大地，是我们精神用以呼吸的空气，是我们灵魂的家乡，是我们真正的故土、真正的祖国。

现在，因为市场主义与沙砾化个人主义的猖獗，作为存在的共同家园已经被破坏，人们因此而无家可归。要重建国人存在的共同家园，重建护佑我们灵魂的精神家园，就必须通过共读，通过共写，拥有我们共同的语言与密码，共同生活在同一个学校、同一个祖国、同一个地球。

以上我们是从民族和人类对教育的期望、要求、命令的角度，来探究"共读共写共同生活"的必要性的。而且我们如果相信科学，相信心理学的研究，相信人类大量的

我们首先应该改变那种鼠目寸光的语言观和阅读观

实践成果，那么我们也无须担心这种"共读共写共同生活"会影响学习质量，因为它是完全地符合最新的认知哲学与认知心理学的。其实，国外的大量实证研究和新教育实验学校的许多个案，都已经成功地证明了"共读共写共同生活"的可行性。而昨天芷眉以及全国各地的"毛虫"们的探索，以及那么多家庭的自觉参与，也为"共读共写共同生活"的精彩提供了证据。

迄今为止，人类对于学习及其规律最为科学的解释之一，是维果茨基等人的社会建构主义理论。我听说今天上午讲数学的席争光老师就是研究维果茨基的专家。他在乡村教书，买不到书，有一次在哪里看到一本维果茨基的书，就买回去了，一开始看不懂，就反复看，现在已经成为研究维果茨基的专家了。事实上在他的数学教学的背后，有很多他对于学习的认识和理解，这样他的课才有了深度。

许多人都听说过维果茨基的"最近发展区"概念，但往往并不了解这个概念的真正意思。一种简单甚至包含着错误的解释是把它比喻为"跳一跳，摘桃子"，其实这个比喻把最近发展区最重要的"学习的社会性"给过滤掉了。用简单的话讲，"最近发展区"就是一个儿童自己单独学习所能达到的水平，和在教师、伙伴的帮助下（即在共同学习中）所能达到的水平之间的落差。也就是说，最近发展区这个概念本身，就强调了学习是一种社会活动，是一种特殊的共同生活。

在他的数学教学的背后，有很多他对于学习的认识和理解，这样他的课才有了深度过去我们讲维果茨基，都是用"跳一跳，摘桃子"的故事。实际上建构主义、认知主义的理论并不是那么简单的。认知主义也经历了从认知主义到社会认知主义的过程。它非常强调共同学习。

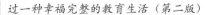

教育心理学经过数百年的努力，对教学中的学习逐渐达成一些基本的共识，那就是学习的过程同时是对知识的认知的过程，是与他人交往的过程，是自我经验的建构的过程。学习是学习者在某一个文化共同体中借助年长者、已有知识以及学习伙伴来发展完善自我的过程。

从心理学对学习的理解来看，最好的学习是儿童与知识的充满着魅力的对话的过程，是儿童与年长者的对话过程，是儿童之间的对话过程，是一个儿童与自己原有经验的持久对话过程。要想取得良好的教学效果，让儿童充分地、深刻地掌握知识，并在此过程中发展正确的社会观，学习本身就该是一个共读共写的过程，是一个共同生活的过程。"这种共同生活，扩大并启迪经验，刺激并丰富想象；对言论和思想的正确性和生动性担负责任。"这是杜威在《民主主义与教育》里的话。

把学习视为共同阅读、相互对话以及共同生活的最好范例之一的，是伟大的教育家苏霍姆林斯基。在《给教师的建议》一书中，苏霍姆林斯基根据心理学的研究成果和大量的实践经验，提出了"智力背景"的概念。他说："必须识记的材料越复杂，必须保持在记忆里的概括、结论、规则越多，学习过程的'智力背景'就应当越广阔。

把学习视为共同阅读、相互对话以及共同生活的最好范例之一的，是伟大的教育家苏霍姆林斯基换句话说，学生要能牢固地识记公式、规则、结论及其他概括，他就必须阅读和思考许多并不需要识记的材料。……如果通过阅读能深入思考各种事实、现象和事物，它们又是应当保持在记忆里的那些概括的基础，那么这种阅读就有助于识记。这种阅读就可以称为给学习和识记创造必要的智力背景的阅读。学生从对材料本身的兴趣，从求知、思考和理解的愿望出发而阅读的东西越多，他再去识记那些必须记熟和保持在记忆里的材料就越容易。"苏霍姆林斯基还从经验中提出了这种作为背景的阅读和作为知识的学习之间的大概比例——三比一，即要正确理解一个知识，需要拥有三倍于这个知识的背景知识。而没有一个可观的阅读量，这一点显然是无法达到的。因此，苏霍姆林斯基是最重视阅读的教育家之一。他曾经反复说，无限地相信书籍的教育力量，是他的教育信仰的真谛之一。他甚至认为，一个学校可以什么都没有，而只要有了为教师和学生的精神成长而准备的图书，那就是学校了。

所以苏霍姆林斯基又说："如果一个人思考过的材料比教科书里要记熟的材料多好几倍，那么再照教科书去识记就不会是死记硬背了。这时的识记就成为有理解的阅读，成为一种思维分析的过程。多年的经验使我深信，如果有意的、随意的识记是建立在不随意识记、阅读和思考的基础上的，那么少年们在学习教科书的过程中就会产生许多疑问。他知道得越多，他不理解的地方也就越多；而不理解的地方越多，他学习教科书的正课就越容易。"

但是，儿童随意的散漫的没有引领的阅读是危险的，也是低效的。要有效地扩充学生的智力背景，就需要教师和父母通过共读活动把最好的书籍带给孩子，并以共写以及主题探讨等方式引领学生自主阅读。

"毛虫与蝴蝶"项目的研究表明，"共读共写共同生活"不仅仅丰富了儿童的智力背景，还具有非常广阔的社会学意义，以及心理治疗的作用。昨天陈美丽老师的故事证明了"共读共写共同生活"能够改变学生的精神面貌，改变学生对学习的态度、对学校和教师的态度，进而极大地提高学业成绩。而顾舟群老师的故事，则从心理治疗的角度，揭示了这种"共读共写共同生活"所蕴涵的丰富的积极的意义。

正如杜威在《民主主义与教育》中所言，"共同生活过程本身也具有教育作用。……一个在身体和精神两方面真正单独生活的人，很少有机会或者没有机会去反省他过去的经验，抽取经验的精义"。在这一点上，新教育所提出的"共读共写共同生活"的概念是对杜威学说的一种实践阐释与理论承袭。它不只是"毛虫与蝴蝶"项目的一个基本理论，它同时也包括着学校内全体教师的共读共写共同生活，因此，它既是一种专业主义的研究方法，也是一种共同体寻找共同语言的途径。当然，这个问题我们将在另外的主题——以教育教学实践为核心的"新教育教师专业发展方程式：专业阅读＋专业写作＋专业发展共同体"——中加以探讨。如果说新教育共同体去年提出的"过一种幸福完整的教育生活"是新教育实验的一个使命、一个理想的愿景的话,那么"共读共写共同生活"则是实现以上使命与愿景的一个基本原则、一个基本方法。

虽然"共读共写共同生活"的理念在全社会的应试喧嚣中显得单薄,但是如果我们不积极、审慎地采取行动,那么人类美好的愿望将永远不会实现,而社会的不公平与冷漠也将永远无法消解。

我们应该牢记一个事实:没有共同意志的民族只是一群乌合之众,他们随时会被其他人征服,或者被一些新鲜的词语和肤浅的偶像所迷惑;没有共同英雄与准则的社会只是一个生物智商的角斗场,它不可能为人类带来真正的幸福;没有共同的语言与密码的学校、教室或家庭,只是一个冷冰冰的地方,生活的丰富性在这里丧失殆尽;没有共同体背景的学习只是一个机械的训练过程,它不可能真正实现生命的无限可能性。

"共读共写共同生活"是我们新教育实验非常重要的一个基础性行动。我一直说,新教育实验即使什么都不做,只要能真正地推动阅读,推动一个"毛虫与蝴蝶"的项目,就非常了不起,对中国教育的贡献就非常大。新教育实验从理想期、激情期走进了更加理智、更加清醒、更加注重行动的发展时期,因此,我们接下来还会进一步完善"共读共写共同生活"项目,完善其他的一些项目。我们从每一个家庭、每一个教室、每一座校园开始做起，我们民族的梦想、人类的美好梦想都能够在将来成为现实。

衷心希望通过全体新教育人的身体力行，通过"共读共写共同生活"d和与此相关联的新教育实验的其他项目（譬如教师专业发展，譬如理想课堂的研究，等）的卓绝努力，我们的民族能够在不久之后恢复并长久地拥有"共读"的传统、共写的实践，从而具有共同的核心价值体系和共同的思想基础。我们与孩子之间，我们的孩子之间，在未来能够拥有共同的语言与密码，真正地共同生活在一起。

2005 中国十大系企业才颁奖典礼

你的眼里没有色彩

你的生活就不会缤纷

你的心里没有阳光

你的教育就不会辉煌

——朱永新《享受着教育的幸福》

新教育精神

2007 年 11 月·江苏海门

今天我想讲一讲什么是"新教育精神"。

为什么要讲这个问题呢？昨天，我收到一份《焦作新教育简报》。读着读着，我的眼睛湿润了。焦作市的经济条件、进行新教育实验的基础并不是很好，今年 3 月才正式启动。但仅仅几个月的时间，那里便掀起了一场"新教育风暴"。校长们和父母们的专注与投入让我感动。他们有 60 多位"毛虫"开始发主题帖，随笔写得非常精彩。其中有位已经退休的教科所所长在文章中说："我已经风烛残年，后半生就交给新教育。"他还说："真正让我动心的不是新教育本身，而是新教育的精神。"他说，他想到了19世纪美国著名女诗人狄金森的诗《如果我能使一颗心免于哀伤》——

> 如果，我能使一颗心免于哀伤
>
> 我就不虚此生
>
> 如果，我能解除一个生命的痛苦
>
> 平息一种酸辛
>
> 帮助一只昏厥的知更鸟
>
> 重新回到巢中
>
> 我就不虚此生

他认为，这首诗使他想到了新教育的精神。为了"不虚此生"，他会努力去帮助一些孩子重返失去的精神殿堂，哪怕能帮助一个也好。看到他的这段话，我开始思考什么是新教育的精神。我在此想用四句话来概括，这四句话的论述未必恰当，欢迎大家共同讨论、定义。

我个人认为，新教育的精神是：追寻理想的执著精神，简称"理想主义"；深入现场的田野精神，简称"田野意识"；共同生活的合作精神，简称"合作精神"；悲天悯人的公益精神，简称"公益情怀"。

下面，我具体地谈谈这四种精神的内涵。

第一，追寻理想的执著精神

新教育精神的灵魂就是追求理想。我们曾经称新教育实验是理想教育实验。新教育人是为了理想而活着的人，是为了帮助他人不断地走向崇高的同时让自己不断走向崇高的人；新教育人是有责任感的人，他知道他的每一份付出，都会悄悄影响世界；新教育人是乐于奉献的"擦星族"，他愿意把自己的青春，把自己的智慧奉献给这样一个伟大的事业。新教育人是追求执著、意志坚韧的人，无论碰到什么样的困难、什么样的挫折，碰到什么样的打击，大家仍然会坚定地往前走。我觉得这就是新教育的理想精神。

最近我编了一本小书《改变，从阅读开始》，这本书的副标题是"重塑心的文化"。在这本书里面，我选了章太炎先生的一篇文章《"我"有多大》。章太炎先生终老于苏州。他一生特立独行，有人称他为疯子。其实，也有人称我是疯子，说我们新教育实验是一群傻子跟着一个疯子。章太炎听说有人称他疯子，非但不生气，而且很赞成这个说法，自认有点"精神病"，且希望他的朋友们都能有"精神病"。

章太炎先生在一次演讲中说："大凡非常的议论，不是神经病的人断不能想，就能想亦不能说。遇着艰难困苦的时候，不是精神病的人断不能百折不回，孤行己意。所以古来有大学问成大事业的，必得有神经病，才能做到。"他还意味深长地说："近来传说某某有精神病，某某也有精神病，兄弟看来，不怕有精神病，只怕富贵利禄当面出现的时候，那精神病立刻就好了，那才是要不得呢！"我觉得，这种精神病是加引号的精神病，它实际上是一种执著的精神。没有这样一种执著精神，没有这样一种理想情怀，新教育实验是做不好的。大浪淘沙，也许多年以后，全国几百所"新教育实验学校"最后只剩下几十所学校甚至几所，都没有关系，只要还有人在坚守着，新教育就能成功。所以对实验而言，这种执著精神与理想情怀是我们最宝贵的精神财富。

第二，深入现场的田野精神

当下中国的教育研究可能缺少一种深入现场的田野精神。有位朋友发了个邮件给我，他说，"当下有三种人：官人、学人、农人"。官人，就是做官的，我也算是一个。学人，就是学者，做研究的人，我也算一个。农人，就是在田间耕作的人。他说，新教育如果只有官人和学人，永远不能成功。新教育更需要农人，需要把两条腿深深扎到泥巴里的人，需要每天深入课堂与孩子们进行心与心的交流的人。这一点我做得不好，但我希望我们的团队中有越来越多的"农人"。我曾忠告过一位与我颇有交往的特级教师，少出去讲学，甚至少写一点文章，沉下心来读书思考。我说："只有真正润泽你的学生，才能润泽你自己。"

新教育更需要农人，需要把两条腿深深扎到泥巴里的人，需要每天深入课堂与孩子们进行心与心的交流的人一个真正有成就的大教育家，必定是深深地、认真地、努力地在每一天去润泽他的课堂、滋养他的学生，最后成就他自己。

历史上称得上"伟大"的教育家，几乎都是出色的行动者。最近我读了梁漱溟先生的传记《孤寂与落寞》，感受很深，曾专门写了读后感。梁先生说，他根本不是学问家，而是行动家。其实能名垂教育史的人大部分都是行动家，或者说是学问家加行动家。关起门来做研究，高谈阔论来做研究，最后是做不出名堂的。新教育人必须要有强烈的田野意识，一定要走进课堂。我们评选论文，搞沙龙课题，一定要强调是真正来自"田野"的东西。我们倡导师生共写随笔，并不是去培养作家，也不是造就美文的写手，而是培养真正记录自己每天教育生活、教育行动的人。你只有做得精彩，才能写得精彩。这是新教育实验提倡师生共写随笔的初衷。

最近，我读到李少君先生评论国内外学者的《印度的知识分子》。他说中国当代的大学教授、知识分子出则豪华轿车相迎，入则妙龄美女相伴，乘则必打波音的，住则必星级宾馆海景房，吃则海鲜大餐，喝则人头马 XO，玩则高尔夫球夜总会。于是，

他回忆自己在印度接触过的一些知识分子，如某律师 N，在政界、商界都颇有名望。他最大的苦闷绝不是考虑如何打官司赚钱，而是如何为在全球化冲击下日益贫苦的下层民众多做点事，使他们的日子稍稍好过一些，不至于那么贫困。他组织一些中产阶级在周末去农村做义工，如提供技术辅导、教育培训、法律咨询、医疗服务等等，一切都是免费的，却乐此不疲。还有一位名牌大学的教授 Z，退休后跑到偏远的山区建起了一个农村综合研究院。他研究对农民有用的实用技术，并把这些技术传授给周边乡镇的农民们。

李少君先生介绍说，印度文化中有一个传统，就是把人的一生分为 4 个阶段：头 25 年是青年学习阶段；接着 25 年是家庭阶段；再接着 25 年是放弃物欲，反馈社会；最后 25 年是与世无争，独善其身。总之，人到某一阶段后就不再索取，而是要付出。据说这是印度文化非常悠久的传统，或许就是印度知识分子不讲究享受、注重献身的精神源头。他说，N 和 Z 这样的人，在印度不是特例，而是有一大片，一大群。数以十万计的学者、志愿者奔赴乡村、田野、深山和学校，为底层百姓义务服务，无私奉献，呈现出印度知识分子最光彩照人的一面。如在印度声名卓著的原子能专家 M. P. 先生和物理学家 V. R. 先生，在国际上也享有盛名。他们经常去乡下为农民义务工作，V. R. 先生甚至花了 17 年的时间待在一个名叫高山加拔的农村作调查研究，搞实验。少君的文章为我们勾勒出印度学者们的形象：他们看上去不像教授，而是像民工，粗壮高大，皮肤黝黑，精力充沛，脚步匆匆，长期奔走于田间山野，为着一个心中的目标。这种知识分子精神和田野情怀是非常值得我们新教育人去学习的。

第三，共同生活的合作精神

我们在新教育实验运城会议上，已经形成了一个基本的共识：共读、共写、共同生活。共同体的概念已经是新教育实验一个非常显著的标志。如果说理想代表我们的追求，田野代表着我们的行动，合作就代表着新教育的人际交往的方式。在这个实验里，所有的人都是平等的，我希望新教育人不要有什么官衔的称呼。比如，我们不必称许新海（江苏省教育学会新教育实验专业委员会理事长，海门市教育局副局长）为理事长，就称"许老师"。"老师"要成为我们新教育人在任何场合下的共同称呼。有时候，大家彼此直呼其名或称某某兄某某君也未尝不可。所有的人都是平等的，包括我在内。我觉得新教育人永远没有高低贵贱之分，而是在各自的岗位上为实验作自己的贡献。没有人可以盛势凌人地俯视这个群体。彼此可以"吵架"，敢于辩论，因为我们是平等的。在苏州大学的研究室里，每个星期二都会有"新教育沙龙"。当我们相约星期二，很多人为一个话题经常争论不休，甚至面红耳赤。也有与我"吵"的，如干国祥、铁皮鼓等。不过，我很开心。为什么？因为我们共同享受着坦诚的情感与民主的气氛。新教育实验，没有这样的一种精神，是不能求真的，求真的

也有与我"吵"的，如干国祥、铁皮鼓等。不过，我很开心

前提就是平等，新教育就是求真的事业。求真，就需要科学与民主的精神。

我经常对新教育的朋友说，现在的这个世界，已经不是一个人做事业的时代。只凭一个人，即使再能干，也是走不远的。要有团队意识与群体意识。新教育团队是基于一个共同愿景的团队，拥有一个共同的理想和追求；是一个只求真理的团队，不屈服于任何一个庸俗的关系和行政的压力。我们新教育人应该追求这样一种团队精神，这样的团队精神也会促进我们发展、成长。

也听说过有人把我们研究中心的团队称之为魔鬼团队。这句话并不是没有一点儿道理。以马玲和高溧霞为例，她们到新教育团队不到两年，成长非常快。高溧霞一开始让人感觉不到有多少才气，而现在已经是一个非常有思想的小专家；马玲对童书的理解更加深刻，她的敬业精神一直让我非常感动。我曾对我的博士生、硕士生们说，你们必须到新教育研究院里去，到课堂去，和研究中心的人生活在一起，看他们是怎样完全沉浸在教育之中的，看看他们拥有多么充实的幸福而完整的生活。

新教育实验的研究者需要有团队的精神，新教育实验的学校也要学会组织团队。今天来了不少校长，包括昆山玉峰实验学校周建华校长。上次去他学校考察时，我说过，光有一个校长全心去推新教育是不够的，不组建真正意义上的新教育团队是不行的。要有那么一群人，把新教育作为自己的生命，作为自己的理想，这样才能把事情做好。在一个团队中，大家能够相互鞭策，相互影响。如张硕果老师只是河南焦作市教科所的一个普通老师，但是她得到了教育局领导和所长的支持，将整个焦作的新教育实验给撬动起来了。她说，新教育实验要期待种子开花，而不是温暖一块石头。

我相信，新教育实验是我们一群人的共同事业，无数的新教育人为这个事业做了大量工作。此外，一批知名的专家学者也在真诚关注着实验的进展。江苏省教育学会会长周德藩先生这几年致力于推动科学认读，主要是学前和小学初期的识字与阅读教育。他表示，愿意和新教育紧密地合作，把科学认读与新教育的理念结合起来，共同开发。我们属于"相同尺码"的人，我们的理想会在一起开花、结果！

第四，悲天悯人的公益精神

昨天，我给一位朋友发去了我儿子朱墨的一篇文章，他很喜欢朱墨的文章。今天早晨，他给我回了一个邮件。他说："我相信有一天，他真实地感受到整个社会中存在着苦难、不公的时候，或许，他在漫长的岁月中孕育的这种敏感，会让他在一次又一次的内心的折磨之后，获得的一种新的理想，从而真正地意识到，一个人的生命只有融入更多人的生命，才能够真正地获得更多的意义。而一颗伟大的灵魂，只能够用这样一种方法来练就。"这位朋友的话让我很感动，实际上他说的就是，我们需要悲天悯人的公益精神。

新教育人经常讲自己是"擦星族"。这种看似微不足道的努力，也可以改变世界。我曾给大家推荐过一本《如何改变世界》，里面的人物都是平凡得不能再平凡的人，如普通的教师、普通的律师、普通的医生、普通的母亲，等等。在美国，有位叫斯兰姆的男士，他帮助了数以千计的来自低收入家庭的中学生进入大学；在南非，有位叫波萨的女士，她发展了一种以家庭为基础的艾滋病病例护理模式，改变了政府的卫生医疗政策；在巴西，有个叫罗沙的人，他帮助了数以万计的边远农村的居民用上了电，使巴西无数大草原的环境得到了保护；在印度，有个叫彼得莫莉亚的人创造了儿童热线，给流浪儿童提供了 24 小时的救援；在美国有个叫格兰特的人，他推出了一个全球儿童免疫的行动，挽救了五百多个儿童的生命……这些都是普通人，他们以自己执著的爱心行动改变了许多人的生活，他们同时改变着世界的面貌。

我曾写过一篇文章《大爱让世界亮起来》，介绍的是台湾慈济人如何耕耘爱的田野的故事。种豆得豆，种爱得爱。新教育实验从第一天开始就是用爱的情怀开始自己的公益行动的，就是用公益的精神开展教育实验的。最早，我跟李镇西等一批人去西部支教，后来我们在灵山基金会的支持下，形成了特殊而有效的支教模式。今年我们要启动"新教育种子计划"、"新教育移动图书馆计划"等，这些都是新教育的公益行动。当然，这样的公益活动得以继

最早，我跟李镇西等一批人去西部支教，后来我们在灵山基金会的支持下，形成了特殊而有效的支教模式

续，重要的是有两个强大的后盾：无锡的灵山基金会与台湾的"慈济"。在清华大学召开的新教育会议上，灵山基金会正式与我们签订了协议，拨给新教育实验500万用于做新教育公益事业。吴国平先生前几天碰到我，表示只要新教育事业需要，他们会全力以赴地支持。现在我们实验区的培训工作，特别是贫困地区的培训工作，研究中心负担了所有的路费及餐费，没有用当地的一分钱。不仅如此，我们还捐赠了价值几十万元的图书。台湾的"慈济"也是一个非常了不起的组织，他们的宣言是："我们的理想是以慈悲喜舍之心，起救苦救难之行，与乐拔苦，缔造清新洁净的慈济世界。我们的方法是以理事圆融之智慧，力邀天下善士，同耕一方福田；勤植万蕊心莲，同造爱的社会。"虽然它是一个宗教组织，但是我觉得它的这种公益精神是值得我们学习的。慈济出善款200万为需要帮助的孩子购置儿童图书。同时，还有一群帮助我们新教育的

企业家，如台湾的营伟华女士，上海的王海波先生等。营伟华女士把她自己在公司的百分之五十的股份捐给了新教育，王海波先生一次性给新教育200万成立鼎新教育基金会，而且他直接负责这个基金会的运营，帮助新教育自我造血，进入良性发展。

当一群拥有公益情怀的人聚集在一起，新教育便可以做出更大的事业来。新教育的公益活动已经产生了现实的深刻的影响力。在贵州凤冈，一批老师已经投入了新教育，一群孩子已经在悄悄地变化与成长，当地的教育品质在悄悄地发生变化。当教育变革在农村边远地区开始时，在那些最需要帮助的地方开始时，中国的教育变革才真正起步。

当教育变革在农村边远地区开始时，在那些最需要帮助的地方开始时，中国的教育变革才真正起步

最后，我用一位朋友写给我的一段话，作为今天演讲的结束。他说："以您为首的新教育是'上帝的选民'，是上帝选出来承担责任的。这样来理解，一切的付出还有什么可以抱怨的呢？"所以，我想，我们新教育人应该心中有理想，扎扎实实植根于田野之中，怀抱着一种合作的精神，努力作出一番公益的事业，成就我们的人生，成就我们的教育，成就我们的民族。这就是我们的使命，这就是新教育精神的本质内涵！

教育是一首诗

诗的名字叫未来

在承传文明的长河里

有一条破浪的船

————朱永新《教育是一首诗》

中国教育改革的思考

2008 年 5 月·北京大学

最近，我们一方面处在深深的悲痛之中，为大地震中失去生命的死难者而悲痛；另一方面，我们又处在浓浓的感动之中，为大地震以后中华民族的凝聚力和战斗力而感动。

在这样的时候，我首先想到的是，教育应该为生命而存在，想到的是灾后教育重建的问题。教育在灾后重建中应该做什么？

我认为，当务之急是建一些"震不倒"的学校。据报道，这次地震中有 5 所"最牛"的学校，楼房都巍然屹立着，没有倒塌，它们都出自同一个建筑商。这说明，只要我们真正把校园作为最重要的建筑去用心建设，是可以最大程度地抵御各种灾害的。所以，一方面，在灾后重建学校的时候，一定要把学校建筑的质量放在十分重要的位置，要加强建设的责任制，把那些制造学校豆腐渣工程的建筑商永远钉在耻辱柱上。另一方面，对全国所有的学校建筑进行一次排查。在"普九"过程中，不少地方为了应付国家验收，确实有不少的"急就章"，也有许多建筑商偷工减料，学校房屋的质量低劣。我今年 4 月去过西部的一个省，那里的学校仍然有许多危房。所以，建议给全国所有的学校建筑一一编号，逐个地排查解决。所有的排查结果要有质量监督部门与责任人签字，并予以公开。

第二是进一步加强学校的生命教育的问题。今年"两会"，我专门提交了一份关于加强青少年生命教育的建议。我认为，教育，首先应该为生命而存在。珍惜生命，热爱生活，成就人生，应该是生命教育的核心。而珍惜生命是生命教育的最重要的基础，也是所有教育的基础。如果连生命都不能保护，教育还有什么意义呢？所以，应该教会我们的孩子，如何面对各种灾害，学会自救与帮助别人。应该有针对性地让学生了解火灾、飓风、地震等自然灾害的特点与应对措施，并且进行自救与救助别人的演习，同时，对于溺水、心脏病发作乃至常见疾病等，也要有应知应会的基本要求。生命是最宝贵的，学校教育如果只是为考试而存在，为分数而存在，而在生命方面缺席，那是非常可悲的，也注定是要付出沉重的代价的。

第三是应该对于灾区学生的升学与读书有系统的安排。这个方面，教育部与四川省已经有了初步的计划。建议尽快启动孤儿认领的程序，让孤儿尽快来到新的家庭和新的学校，确保这些孩子有学可上。参加高考的学生，除了参加国家的统一考试以外，可以在一部分职业院校采取免试入学的办法。同时，要对教师与学生尤其是小学生进行心理援助。根据有关研究，在地震等重大的灾难以后，至少有 50％ 的人口会遭受心理创伤，26％－90％ 的儿童会有"创伤后压力症候群"，如果没有及时的心理疏导，灾难的阴影会长久地笼罩在他们的记忆里。地震发生以后，已经有一线心理专家前往灾区，但中国的心理学工作者数量非常少，而且缺少相应的专业知识与经验，也不可能有那么多心理专家一对一对这些有心理创伤者采取干预措施，培训志愿者的周期又会比较长。而对于灾后的心理创伤的治疗越及时效果越好。现在的专家大部分都是针对成年人的，那么适合孩子的有效心理干预怎么进行？我的新教育研究院的同事们从近几年的儿童阅读实验中受到启发，认为儿童故事和歌曲具有非常重要的医治心理创伤的功能。如《白雪公主》、《丑小鸭》、《灰姑娘》、《逃家小兔》、《田螺姑娘》、《小红帽》、《猜猜我有多爱你》等童话故事就具有神秘的治疗作用，加上亲切的平和的声音，可以伴随孤独的孩子走过最孤独的时光。为此，我们制订了一个《地震灾后短期内儿童心理干预项目方案》，准备用儿童绘本和小型播放器（录有经典的童话和抚慰心灵的歌曲）来实施较大面积的灾后儿童心理干预，帮助孩子们早日摆脱心理上的阴影。

但是今天凤凰卫视邀我在这里讲的是关于中国教育改革的问题，对于这个"命题作文"，我不能太"跑题"，所以讲三个问题。

一、关于中国教育改革的成就

中国教育改革的历史可以追溯到 1904 年的癸卯学制的颁布和 1905 年的废除科举，它意味着两千年封建教育制度的终结和现代教育制度的诞生。

当代中国教育的改革，则以粉碎"四人帮"，恢复高考制度为标志，已经有 30 年的历程。当代中国教育改革的最大成就，就是成功地解决了"穷国办大教育"的难题，逐步从一个人口大国走向人力资源大国。

我们以全世界 3% 的教育经费，支撑起全世界 20% 的人口的教育。目前 95% 以上的学生接受九年义务教育，义务教育阶段的学生达到 1.7 亿，高中毛入学率达到 51%，高等教育学生达 2300 万人，形成世界上规模最大的基础教育与高等教育规模。教育为国家经济及社会发展输送了大量人才，为改革开放和各项事业提供了有力的支持。

二、中国教育改革的问题

当然，中国教育也面临许多新的问题与困难。主要有以下几个方面。

第一，整体教育程度和劳动力素质仍然较低。作为一个人口大国，我们人均接受教育的水平总体还不高，世界十分之一左右的文盲仍然在中国。九年义务教育的水平还比较低。由于受劳动力素质的制约，劳动生产率、科技创新能力也都比较低。我国人力资本（技术进步）对经济增长的贡献率只占 35% 左右，远低于发达国家的 75% 的水平。2003 年，我们消耗了全世界钢铁的 26%、石油的 30%、水泥的 60%，才创造了全世界 GDP 的 4%。有人统计，我国的劳动生产率只相当于日本的二十六分之一，美国的二十五分之一，德国的二十分之一；而我们的单位国民生产总值能源消耗，则相当于他们的 5 倍、2.6 倍和 3.6 倍。这与我们教育发展尤其是职业教育的落后是有密切的关系的。

第二，教育发展不平衡，学校之间差距过大，教育公平的问题仍然突出。由于我国的经济发展的不平衡，以及政府在教育资源配置的过程中经常出现的"锦上添花"的倾向，导致城市与农村、东部与西部、同一区域的不同学校之间差距太大。教育发展的不平衡主要表现在外部与内部两个方面。

从外部来看，一是教育的区域发展不平衡。中西部教育落后于东部教育。调查表明：东、西部生均预算内教育事业费一项的差距就超过 3 倍。由于投入不足，中西部教育在教育发展水平、"两基"普及、师资力量、校舍建设以及家庭教育支出等方面都落后于东部。如 2003 年，上海小学生的生均教育经费是 3715 元，为贵州 418 元的 8.89 倍。二是教育的城乡发展不平衡。从城乡对比来看，近年来全国预算教育经费约 60% 用于义务教育，其中投入农村义务教育的只有 35% 左右。教育存在明显的城乡"二元结构"。有人这样评论：有的城市学校，宽带插口装到了每张课桌，有的农村学校，孩子还得沙地当纸树枝为笔；有的城市学校，铺着塑胶跑道的运动场不止一个，有的农村学校，连一个可供学生玩的篮球也拿不出；有的城市学校，投资动辄数亿元，有的农村学校，连粉笔也得一根根地数着用；有的城市学校，搁到欧美也堪称一流；有的农村学校，拿到非洲，恐怕也算差。三是教育的群体发展不平衡。社会的不同群体在教育上拥有完全不同的教育资源，相对来说，弱势群体接受优质教育资源的机会比较少，尤其是农村的女童，城市的外来民工子女，特殊教育系统的残疾、智障人群等，在教育上处于相对不利的地位。

从教育的内部来说，主要有以下几个方面：一个是教育的内部结构不合理，发展不平衡。公立教育和民办教育，正规学历教育和非正规非学历教育的发展不够协调，各类教育间比例不合理。比如，全国民办小学 4846 所，只占全国小学总数的 1%；民办中学 4571 所，占全国中学总数的 5.7%；具有颁发学历文凭资格的民办高校只有 89 所。而且，真正的民间资本并没有进入教育领域，假民办已经成为民间教育资本进入的一个重要障碍。此外，我国高等教育都力求向学术一条线上靠，研究型、研究与教学相结合型、教学型大学以及培训型学院之间也缺乏合理的层次结构。同时，我国重高等教育轻基础教育，重普通教育轻职业教育，重

有人这样评论：……有的城市学校，搁到欧美也堪称一流；有的农村学校，拿到非洲，恐怕也算差

正规学历教育轻非正规非学历教育的情况比较突出。

第三，应试教育为中心的模式仍然左右着教育。现在的教育是以考试为中心的，考试的选拔功能，使中国的教育不断增加难度，学习的内容越来越艰深，大多数学生感觉学习困难，许多农村学生和他们的父母认为学习内容对于今后的生活根本没有用处，许多城市的学生和他们的父母也认为自己孩子学习的东西是一辈子都派不上用场的。一考定终身，一俊遮百丑，为了好的分数可以不择手段地竞争，学校的高低贵贱也是在考试分数面前排队排出来的。

许多孩子失去了童年与童心，体质明显下降

应试教育是一种以考试为目的、为考试而进行的教育，它以考试分数和升学率作为教育的唯一目的，赋予义务教育强烈的竞争性和淘汰性，使许多孩子失去了童年与童心，体质明显下降，如 2005 年 7 岁～18 岁男女学生的平均肺活量分别比 2000 年下降了 206 毫升和 122 毫升。

第四，行政化、官本位的色彩仍然较为浓厚，教育决策科学化的水平有待进一步提高。学校行政级别的强化，大中小学缺乏真正的办学自主权，教育决策缺乏社会的广泛参与和监督，一些重大决策如名校办民校、独立学院、高校合并、大学城建设、京剧进校园等，采取一刀切的办法强势推进，在实践中产生了一些消极的影响。

三、中国教育改革的措施

在今年的《政府工作报告》中，温家宝总理明确提出，"没有全民教育的普及和提高，便没有国家现代化的未来。要让孩子们上好学，办好人民满意的教育，提高全民族的素质"。我认为，中国教育改革的根本任务，就是落实温总理的要求，办好人民满意的教育。

第一，优先发展教育，建设人力资源强国。再穷不能穷教育，再苦不能苦孩子。教育是民族振兴的基石，是经济社会发展的基本动力。各级政府应该加大对教育的投入，保障教育经费的"三增长"。在今年的《政府工作报告》中，国家已经明确提出，"要加大教育事业投入。今年中央财政用于教育的投入，将由去年的 1076 亿元增加到 1562 亿元；地方财政也都要增加投入"。我们认为，当务之急是如何真正地花好这增加的 500 多亿元教育经费，这应该有一个科学的分配机制，确保它能够用在最重要最紧迫的方面。从目前的情况看，虽然国家实施了免费义务教育，解决了教师的工资、生均公用教育经费等问题，但是由于教育问题的欠账太多，教育经费短缺的问题依然存在。所以，不能认为教育的投入已经差不多了，而是应该继续优先发展教育，加大各级政府对于教育的投入。希望国家能够努力兑现十六届六中全会提出的 4% 的目标，在中央财政有困难的情况下，可以先要求地方政府公共财政支出应该占国内生产总值的 20%，教育支出占公共财政的 20%。建议尽快建立分类指导的义务教育国家基准，保证所有地区所有学校的水平有一个最起码的标准。为保证这个标准的实施，必须实事求是地确定财政教育经费的分级保证与转移支付的比例。

在这里，我特别想说一说优先发展幼儿教育的问题。

在中国教育体系中，幼儿教育是一个盲区。义务教育有国家保证了，高中教育与职业教育要大力发展了，高等教育的规模也不小了，但是幼儿教育在全国的普及率还比较低。在西部农村基本上还是空白。我一直认为幼儿阶段是人生最关键的阶段，是人的认知风格、人格特质、行为习惯等形成的最敏感的时期。

第二，重新认识与思考教育的本质，回到教育原点。任何一个社会，都需要教育哲学的思考，需要教育思想的引领。首先要解决教育的根本问题，想清楚教育是什么、什么是好的教育这样的根本性问题，教育才有正确的方向，投入才有真正的效率。我们似乎都知道，教育是一个培养人的事业，教育不仅仅是给孩子分数，而且要为孩子的生命奠基。但是，在我们的中小学教育生活中，分数恰恰成为教育至高无上的追求，成为衡量教育品质的标准。在我们的大学，就业成为最急迫的任务，成为判断大学最关键的指标。分数与就业，成为我们整个教育的原点，成为教育的重要追求，这是中国教育许多问题的根源。

我们一直认为，教育是一个培养人的事业，是一个通过培养人，让人不断走向崇高，生活得更加美好的事业。因此，教育最重要的任务，是塑造美好的人性，培养美好的人格，使学生拥有美好的人生。判断教育的好坏，应该从这样的原点出发；推进教育的改革，也应该从这样的原点开始。我们主张，应该让教师与学生过一种幸福完整的教育生活，就是基于这样的考虑。美好的人性，应该从幸福的童年开始。把童年和童心还给孩子，这是教育的基本要求。人的一生其实是围绕童年展开的。教育不仅是为未来的幸福作准备，教育生活本身就应该是幸福的。这样的幸福不是简单的感官的快乐，而应该是完整和谐的。因此，给孩子多样化的教育，发现每一个孩子的独特世界，帮助他们获得多样性的发展，这是教育的重要使命。

所以，我们的教育面临着一个"再出发"的问题。这个时候，我们应该追问教育的原点，应该进行教育的启蒙，应该尽最大的努力提高全社会的教育素养，应该让每一个公民重新认识教育，思考教育，理解教育的使命。

第三，进一步落实科学发展观，大力推进教育公平。科学发展观在教育上的落实，关键在于各级政府应该做好教育资源的合理有效配置，在努力办好每一所学校的同时，多一些雪中送炭，少一点锦上添花。要坚持教育的公益性质，大力扶持贫困地区、民族地区教育。这次《政府工作报告》提出从今年秋季起，"在全国城乡普遍实行免费义务教育"。同时要求继续增加农村义务教育公用经费，提高保障水平；适当提高农村家庭经济困难寄宿生生活补助费的补助标准；认真落实保障经济困难家庭、进城务工人员子女平等接受义务教育的措施。这是落实科学发展观，推动义务教育均衡发展、促进教育公平的重大举措。

第四，全面实施素质教育，培养德智体美全面发展的社会主义建设者和接班人。公平与效率始终是教育发展不可偏废的问题。在做好教育公平的同时，我们应该努力提升教育品质，优化教育结构。这次《政府工作报告》再一次提出"要全面实施素质教育，推进教育改革创新。深化教学内容和方式、考试和招生制度、质量评价制度等改革。切实减轻中小学生的课业负担。"话虽然不多，但显示了政府继续大力推进素质教育的决心。素质教育是中国教育改革的难题，必须要有强有力的行政推动，出硬招，出实招，下工夫。

目前，素质教育的关键是改革我们的考试与评价制度。"以考为本"在很大程度上使教育丧失了满足人的发展需要、促进人的全面发展的本性，使"以人为本"的科学发展观难以真正落实到教育上来。现在的教育是以考试为中心的，目中无人、不把人当人，已经成为现代考试制度的重要特点。改革考试制度的一个重要方面，是打破一考定终身的格局，建立高考的立交桥，破除公务员与企业录用人才的学历壁垒，让不同类型的学生在任何时候都有成长与发展的机遇。

第五，**加强教师队伍建设**。国务院已经明确提出，"要加强教师队伍特别是农村教师队伍建设，完善和落实教师工资、津补贴制度"。我认为这是点到了教育问题的要害。教师是教育的关键，教师素质尤其是农村教师的素质，是影响中国教育品质的最重要的因素。没有教师队伍素质的全面提高，永远没有好的教育。应该认真研究教师专业发展的规律，推动教师自觉地走专家引领、行动反思、共同体互助的道路，为教师的进修、研究提供最好的服务，让他们能够真正地享受教育的幸福。目前，农村教师数量紧缺。我刚刚从贵州的一个山区回来，那里目前有代课教师 4000 多人，许多教师的月工资只有一两百元。

让不同类型的学生在任何时候都有成长与发展的机遇

目前缺少教师 4610 人。如果把幼儿园入学水平从现在的 25% 左右提高到 80% 左右，仅幼儿教师就有 2000 人的缺口；如果把高中的入学水平从现在的 30.6% 提高到 60% 左右，还缺少近 4000 名。所以，我国的教师队伍建设任重道远。

第六，把社会主义核心价值体系融入教育生活之中。 温总理在《政府工作报告》指出，要"在全社会树立中国特色社会主义共同理想，大力弘扬以爱国主义为核心的民族精神和以改革创新为核心的时代精神，深入进行社会主义荣辱观教育。推进和谐文化建设，实施公民道德建设工程，培育文明社会风尚。特别要加强青少年思想道德建设"。这个问题虽然是在文化建设的部分说的，但是我认为同时是教育的重大问题。一个国家，一个民族，如果没有共同的价值观，没有共同的思想基础，就谈不上凝聚力。所以，应该通过共读、共写、共同生活，把这些共同理想、民族精神、时代精神，融进我们的教育中。

中国教育改革是一个重要而复杂的话题，想在 30 分钟的时间内讲清楚，是非常困难的。所以，只能是概要论述，讲得不对的地方，请大家批评，也欢迎在接下来的时间里进行讨论。

谢谢大家。

一个国家，一个民族，如果没有共同的价值观，没有共同的思想基础，就谈不上凝聚力

教育是一首诗

诗的名字叫热爱

在每个孩子的瞳孔里

有一颗母亲的心

——朱永新《教育是一首诗》

做一个让学生瞧得起的老师

2008 年 9 月·江苏苏州

各位老师好，非常高兴能有机会和大家见面交流。近几年，全国各地一直在从事一个新的教育实验，主要是在中小学，个别高校也在推进这样的新实验。我一直认为，应该让所有的教师、学生过上一种幸福完整的教育生活。

首先，教育是幸福的。如果我们的学生在校园里面不断地诅咒我们的教育行为，埋怨自己的学习生活，而不能从我们的教育中得到快乐，这是件麻烦的事情。《论语》开宗明义地提到："学而时习之，不亦说乎？有朋自远方来，不亦乐乎？"学习本来是一件充满着智慧的挑战，贯穿着交流的愉悦。但是，我们现在从事的教育却不能给学生带来这样一种愉悦，带来自我挑战，带来一种满足感。这是教育的不幸，更是教师的不幸。事实上，我们一直想创造一种情境，让所有的老师和孩子在教育的活动中都能得到满足。过去，我们讲教师要有奉献精神：教师就是蜡烛，要燃烧自己，照亮别人；教师就是春蚕，春蚕到死丝方尽。教师不能直接地从教育生活中，从自己的职业生涯中获取幸福感，我觉得这是不对的。教师只能依靠所教学生的成就来证明自己，这也是不对的。我一直主张，教师应该从日常的、琐碎的、平凡的生活中得到满足，从自己的成长中得到满足，从与孩子们的交流中得到满足。这才是我们教育应该做的。要让教师快乐地过好每一天，通过和学生之间的心声交流，通过自己的专业成长得到幸福，这是非常重要的。教师的幸福源自每天的、平凡的教育生活，而不是来源于遥远的未来。学生成为人才以后，教师才能得到快乐、得到反馈，我觉得这是不够的，更不能仅仅通过学生的一张考试试卷、一个好的分数来证明自己。所以，我们追求的是一种幸福的教育生活，学生们也是如此。

其次，幸福应该是完整的。尽管有的时候，畸形的、片面的东西，也能带来暂时的快乐，但我们所追求的教育，不应该仅仅是为考试而存在，为分数而存在，也不应该仅仅是为了让学生拥有好的技能，找到一份好的工作而存在。我希望我们的学生能够具有人文情怀，能够关注国家的命运、民族的命运，关注社会的、人类的前途，能够助人为乐，有一种使命感，有追求，并且有比较好的专业技能。现在，我们更多地强调分数，职业院校也更多地强调技能，强调为学生未来的职业做准备，强调为了让学生找到一份好的工作。这是因为，评价职业院校的一个重要标准是就业率。毫无疑问，这当然是评价指标，就像高考一样。一所好的中学，没有好的升学率，要说是好学校，谁都不相信。同样道理，一所好的职业院校，没有好的就业率，不受企业欢迎，同样也不是好学校。但是，仅仅如此是不够的，因为我们知道，一个好的社会，不仅需要好的技术工人，更需要好的公民。好的公民需要所有的学校共同努力，包括综合大学，包括职业技术院校，等等。在中国，大学在很大程度上是对中学教育的返补，一个矫正、一个补充、一个完善、一个提升。因为在长期的应试教育背景下，一些中小学的教育方向是错误的。现在的中小学，已经很少把培养公民作为教育的目标，更多的是为了一个好的分数。所以，大学在很大程度上是对中小学的完善。为什么我一直主张要让孩子多一些人文的修养，一直提倡在职业技术院校多开人文讲座？就是为了让我们的孩子成为有文化情怀的技术人员。仅仅有技术是不够的，懂技术未必能把握社会的方向。有时候技术主义入侵，会让历史倒退，甚至会让人类走向自我毁灭。实际上，在近百年的社会发展中，我们已经饱尝技术主义路线、应试主义路线给我们教育，给我们人类带来的灾难。最近一百年来，人类战争造成的死亡人数超过了人类历史上任何一个一百年。各种各样的恐怖事件，各种各样的灾难以及人为的事件，也是任何一个一百年中最多的。最近的一百年，人类对自然的索取、破坏是最多的。森林差不多是在最近一百年被过度砍伐的，河流差不多是在最近一百年被污染的，人类自己的家园也是在这一百年中慢慢被破坏的。为什么会这样？我觉得应该从教育中寻找原因，因为教育没有把它们作为主题，不再关注我们人类自身的前途和命运。所以，我想把新教育的这种理念——"过一种幸福完整的教育生活"和大家分享。

鉴于此，我们该怎么做呢？我送给各位老师四句话：第一，做一个让学生瞧得起的老师；第二，做一个让自己心安的老师；第三，做一个让学校荣耀的老师；第四，做一个让历史铭记的老师。

首先，做一个让学生瞧得起的老师。一个老师，如果连学生都瞧不起，我想，你就没资格做老师，也无法在学校安身立命。因为你不可能从教育生活中得到幸福，肯定也很痛苦。要让学生瞧得起，实际上也很简单，学生的要求并不高，就两件事情，即"学高为师，身正为范"。第一，你应该为人师表，能够领导学生向正确的方向前行。你应该是一个主动帮助别人的人，有一颗善良的心，有悲天悯人的情怀，对弱者有天然的同情，不对学生之间发生的各种事情视而不见。关爱他们，尤其是关注班级里面那些家境贫寒、父母离异、学习面临困难的学生，你要把爱献给他们。你这样一种情感会感染孩子们，他们也会佩服你的。不管怎么样，他用心了，尽力了。这个要求其实并不高，你只要用心去做，都能做得到。第二，你学高为师，要把课上得好一点。我经常说，上好课是不容易的，要想让学生佩服你，你就要加深对课程、课堂的理解，时刻关注课堂效率是不是高，自己的讲解和点拨学生们是不是能懂。过去，很多老师大搞题海战术，把学生搞得苦不堪言，学生对那一门学科的兴趣就丧失殆尽了。所以，作为一名老师，要用心参透每一本教材，用心备每一门课，用心布置每一道题目，思考能不能让孩子得到发展和启迪。我想，对所有教师来说，如果做不到这一点，请你离开。在新教育实验第八届研讨会上，温州苍南县的教育局长梁风和我说，他看了我的一篇博客——《如果不燃烧，请悄悄走开》，这个教育局长就和他们全县的老师说："如果你们不燃烧自己，如果你们的教育没有理想，没有激情，那么请走人，悄悄地走人。"如果你没有爱心，请悄悄地离开。如果你不用心做事，请悄悄地离开。既然在这里，你就要用心做好。

第二，做一个让自己心安的老师。我经常说，教师这个职业，是吃良心饭的。我们怎样去评价教师？很难，很难。但是我经常说，无论是高校评估，还是课堂评估，一张试卷根本无法全面反映一位老师的教学成果。但事实上，只有老师自己才真正了解自己是不是用心，是不是把自己的全部身心都献给教育事业，是不是对得起拿的那份薪水，是不是对得起坐在面前的所有的孩子。他们的父母把孩子托付给你，学校把他们托付给你，社会把他们托付给你，你是不是对得起这些托付？你是不是很心安？在你的班级里面，是不是经常由于你的疏忽，出现这样那样的疏漏、纰漏、危险？孩子们走向社会以后是不是还能记得你？是不是还能够怀念你？我经常说，一个好的老师，在教师节的时候，他已经毕业了的学生——不是在校的学生，如果总会记得给老师送束鲜花，给老师打个电话，还记得来看望一下老师，我们说他就是好老师。如果学生离开你后，再也想不起你，我觉得你应该是一个不怎么样的老师。做一个让学生记住一辈子的老师，让学生一辈子都怀念你，这个老师就做到家了，就可以心安理得了，也就对得起这一生，对得起做老师这个良心活了。

　　第三，做一个让学校荣耀的老师。我们每年都要评先进，每年都有优秀的老师，这些老师往往也会使学校因此而荣耀。我们每个人都是一个组织的人，自己能不能写入学校的历史？能不能让学校因自己而荣耀？拿什么报答学校？过去我们对学生讲，"今日我以母校为荣，明日母校以我为荣。"实际上，对我们每个老师也应该提出这样的要求，也应该有这样一种寄予，也应该有这样的愿望。也就是说，你在这所学校是不是不可取代的？我想，如果你做到了，你的地位定是不可替代的。你走了以后，在短时间内找不到人来顶替你，校长非常赞赏你，学校也非常需要你。一个人，在一个地方，在一个单位，能够做到这样，能够被记在心里，真的很了不起。我们每一个人都身处一个岗位，而每个岗位都可能成为不可替代的岗位。也就是说，换了一个人，他做不到你那么精致，做不到你那么好，你就做到家了。如果说，你这个岗位，人家来和你换岗，人家做得比你优秀，就说明你做得不怎么样，你没

做一个让学生记住一辈子的老师，让学生一辈子都怀念你，这个老师就做到家了

有用心，没有全身心地投入，没有很好地去创作，去努力，去工作。即使是一个清洁工人，同样可以做到不可替代。我经常开玩笑讲，一个好的门卫，就是学校的一扇窗，因为我们每个人每天都要从大门进去，他的言行举止，他的每一个微笑，都会在我们心中留下非常深刻的印象。很多单位的门卫经常让人生厌，是因为他们太粗暴了，举止太野蛮了。每一个岗位都是不可替代的，只要你用心去做，就能做好，就可以成为让学校引以为荣的教职工。很多人经常是这山看着那山高，我想说，每个岗位都可以做得精彩，每个舞台都可以创造辉煌。所以，我们每个人应该学会从自己的职业生涯出发，在自己的岗位上提升自己，把它做到极致，做到精彩，让学校永远记住你，让学校以你为傲。

第四，做一个能让历史铭记的老师。能够让教育史铭记的老师，那是很了不起的。而对于学校，要想让教育史铭记，只在制度创新、专业建设、人才培养等方面形成自身的特色是不够的，还需要更多的努力，而其中一个决定性的前提就是学校要有一批或几个让历史铭记的老师。学校管理、教学创新、科技创新、产学研合作、学生培养，这些领域我们都可以做到让历史铭记，因为学校是靠一个一个的人去承载的。比如说西南联大，尽管它现在已经不复存在了，但是由于出了几十个院士，出了那批让历史铭记的大师，这所学校被人铭记。再比如浙江的春晖，当时它聚集了中国文化史上的一大批巨匠，一大批文化名人在这所学校学习过、讲演过、工作过，从而成就了现在的春晖。

老师的四个境界，就是四个阶梯，它们是连贯的。你先做一个让学生瞧得起的老师，然后做一个让自己心安的老师，再做一个让学校荣耀的老师，那你就有可能成为让历史铭记的人。所以，我想对年轻老师说，你可以先给自己提个最低的要求，让学生瞧得起。当然，这也不是容易做到的，你想，现在有多少老师能让学生从内心瞧得起啊！所以，我们应该用心去书写自己每一天的历史，特别是新教师，如果要做一个混日子的老师还是很容易的，但是要做一个真正让学生瞧得起的、真正有影响的教育家，真正让自己心安理得、让自己感到幸福快乐的老师，还是需要长期的打磨和努力的。

我也是这么要求自己的，因为到现在我仍然还是一个老师。和大家一样，我也是一步步，从做一个让学生瞧得起的老师开始的。从做老师的第一天开始，我就希望自己和孩子们在一起，当孩子们生病的时候，我一定要和他们一起在医院。从小事做起，这样，我们才能飞得更高，飞得更远。

教育需要思想的光芒
摒弃溺爱与纵容，拒绝辱骂与棍棒
让家人在书香的熏陶下快乐地成长
让孩子从人生的第一个港湾扬帆起航
　　　　　——朱永新《教育需要思想的光芒》

为中国而教

2012 年 10 月·浙江宁波

从昨天开始，四个国家和地区的教育学家聚集在宁波，分享一所百年老校的光荣与梦想，也分享我们各自在教育方面的探索与思考。无论是鲍里奇教授的有效教学理论，还是华德福的人智学实践，抑或是佐滕学教授的学习共同体研究，都给我们很大的启发。教育，这个现实世界里的必要的乌托邦，正是这样超越了国家、种族，悄然汇聚，彼此激发，相互分享，从而缓慢而恒久、艰难又幸福地改变着世界。

就像 1990 年的美国，一个名叫温迪的年轻人从普林斯顿大学毕业后到处募捐，成立了一个叫作"为美国而教"的机构，招募全美顶尖大学的优秀毕业生，经过考核培训，派到条件艰苦的学区。20多年来，这个机构为26个学区的学校输送了2万多名优秀教师，造就了一批有社会责任感的青年，也推动了当地教育的发展。

在当下的中国，我们新教育人也有同样的梦想。新教育实验，正在培养我们的优秀教师群体，为中华民族的伟大复兴而教。在美国、日本、欧洲学者的报告中，我们已经深切地感受到，每个诞生在不同土壤上的教育理论流派，在回馈自己文化的同时，也在为其他不同的文化做出特殊的贡献。新教育实验，则是扎根于丰厚的中国文化和历史沃土中，吸收着中外新教育伟大传统的养料，在最近十年逐步成长起来的中国本土的教育理论与实践。

一、新教育：十年的探索

新教育有一个长长的过去，却只有一个短短的现在。

说新教育有一个长长的过去，是因为它可以追溯到肇端于19世纪末的英国的"新大学运动"、20世纪初美国的"进步主义教育运动"，以及1919年2月在中国以《新教育》杂志的创刊为标志持续多年的"新教育改革运动"。

在中外教育史上，与新教育三个字联系在一起的教育家和学校可谓汗牛充栋。从雷迪、蒙台梭利、沛西·能、皮亚杰、怀海德、杜威到陶行知、陈鹤琴，从艾博茨海姆学校、夏山学校、巴学园到芝加哥实验学校等，一百多年来，那些最伟大的教育家和最伟大的学校，许多都与新教育有关。我们的新教育正是在传承中创生，源于先贤，根植田园，汇聚同志，倾情孩子，关爱生命，朝向未来的教育改革实验。

说新教育只有一个短短的现在，是因为它诞生于 21世纪初，至今只有十年的时间。从 20 世纪 80 年代后期开始，中国基础教育存在的片面追求升学率、择校热等问题非常严重，社会对于教育的不满也日趋严重。1987 年 12月，全国人大教科文卫委员会和国家教委成立了"端正教育思想，深化教育改革"研究与对策领导小组，并于 1988年 5 月发布了《关于减轻小学生课业负担过重问题的若干规定》。1999 年，中共中央、国务院颁布了《关于深化教育改革全面推进素质教育的决定》。

与此同时，官方和民间的教育改革探索也应运而生。以行政推动为主要特征的"新课程改革"、以专家引领为主要特征的"新基础教育"和以共同体参与为主要特征的"新教育实验"是其中最为突出的代表。

新课程改革的立意明显在"课程"，试图以"课程"为重要抓手，培育我们民族的创新精神与实践能力。2001年 6 月正式颁布的《基础教育课程改革纲要（试行）》可谓这一轮教育变革的行动指南，《为了中华民族的复兴，为了每位学生的发展——〈基础教育课程改革纲要（试行）〉解读》则进一步表达了这一轮教育变革的基本精神。新基础教育以"课堂"为重要载体，《教育研究》1997年第9期叶澜教授的《让课堂焕发生命的活力》一文，可谓其明确的行动宣言。而新教育实验的逻辑起点则显然在"教师"。新教育实验是以教师成长为起点，以营造书香校园等行动为途径，以帮助新教育共同体成员过一种幸福完整的教育生活为目的。

新教育实验可以追溯到1999年。受《管理大师德鲁克》中关于"理论何时才有价值"的论述的影响，我来到江苏省常州市武进区湖塘桥中心小学讲学带徒，提出了"新教育"的基本理念。

2000年，在《我的教育理想》一书中，我提出了"理想教育"的基本思想。书中对现行教育的批判、反思及对行动的渴望，引发了民间教育思想者的热情响应，新教育实验的基本思想开始逐渐形成。

2002年6月18日，新教育实验的网络平台，后来被誉为"中国教师的精神家园"、"中国最大的网络师范学院"的"教育在线"网站成立。短短一个月，聚集了5000多名教师。同年9月，第一所新教育实验学校在苏州昆山市玉峰实验学校正式挂牌成立。新教育实验的基本理念和六大行动的雏形在这所学校开始实践。

2003年7月，新教育实验首届研讨会在昆山市玉峰实验学校召开。这次研讨会被媒体称为"中国教育的丐帮会议"，吸引了来自全国各地的 500 多名校长和教师参加。第一批新教育实验学校在会上正式挂牌。

2004 年 4 月，全国教育科学"十五"规划重点课题"新教育理论的实践推广研究"开题会暨新教育实验第二次研讨会在江苏省张家港高级中学和常州市武进区湖塘桥中心小学举行。时任中国教育学会常务副会长的陶西平先生说："新教育实验会像一条鲇鱼，把中国教育这缸水搅起来！"

2004 年 7 月，新教育实验第三届研讨会在江苏省宝应县翔宇教育集团举行。同年 9 月，河北省石家庄市桥西区成立"新教育实验区"，以行政推动的方式参与新教育实验。

2005 年 7 月，新教育实验第四届研讨会在四川成都举行。这次会议的主题是"新德育"，新公民与新生命教育开始进入新教育实验的视野。

2005 年 11 月，新教育实验第五届研讨会暨"北国之春"新教育实验与教师专业发展研讨会，在吉林市第一实验小学举行。

2006 年 7 月，新教育实验第六届研讨会在北京清华附小、中关村一小和六一中学举行。会议的主题——"过一种幸福完整的教育生活"，日后被定格为新教育实验的核心价值追求。这次会议被媒体称为"新教育实验的进京赶考"。会议前后成立的新教育研究中心与新教育实验总课题组，为会议做出了重要贡献。

2007 年 7 月，新教育实验第七届研讨会在山西省运城市新港实验学校举行，会议的主题是"共读、共写、共同生活"。新教育实验的儿童课程在会议上正式亮相，第一批新教育的榜样教师在会议上言说了他们的成长故事。同月，新教育研究院正式成立并召开第一次理事会议。

2008 年 7 月，新教育实验第八届研讨会在温州市苍南县第一实验小学举行。会议的主题是"知识、生活和生命的深刻共鸣"。会议对新教育的理想课堂进行了比较深入的研究，提出了新教育实验的有效教学框架和理想课堂的三重境界。

2009 年 7 月，新教育实验第九届研讨会在江苏省海门市举行，主题是"书写教师的生命传奇"，用生命叙事的理论系统阐述了教师的"职业认同与专业发展"。来自全国 23 个新教育实验区，700 多所实验学校的 1300 多名代表齐聚江海门户，共话教师发展。

2010 年 7 月，新教育实验第十届研讨会在河北省石家庄市桥西区举行。会议的主题是"文化，为学校立魂"。会议对新教育实验的学校文化建设，从使命、愿景、价值观、校风、校训、制度、仪式、节日、庆典、建筑、故事等方面进行了全面的研究和展示。同年 9 月，新阅读研究所在北京成立，先后推出了"中国小学生基础阅读书目"和"中国幼儿基础阅读书目"等成果，并荣获 2011 年全国阅读推广机构大奖。

2011 年 9 月，新教育实验第十一届研讨会在内蒙古鄂尔多斯东胜区举行。会议的主题是"以人弘道，活出中国文化的根本精神"。会议对"己所不欲，勿施于人；己立

立人，己达达人"的中国文化的根本精神和新教育的文化
使命进行了深入探讨。同年 11 月，新教育亲子共读中心
在北京成立，后更名为新父母研究所，目前已经在全国 30
多个城市建立了"萤火虫工作站"。

2012 年 7 月，新教育实验第十二届研讨会在山东淄博
临淄区举行。会议的主题是"缔造完美教室"。会议对新
教育完美教室的意义、价值、内涵、建设等进行了深入研
讨，并评选了十佳新教育完美教室。在这次会议上，华严
集团的董事长徐锋先生代表集团给新教育捐赠了 100 万元
人民币。他在致辞中说："新教育是在给一个病人——中
国教育，做一次准确的基因修复。大家从事的，是一项注
定要走进历史的、伟大的、关系中国教育成败的基因修复
工程。"他希望，不远的将来，新教育不再是"草根运
动"，而真正变成"政府行为和国家意志"。到那时，新教
育将改名为"中国教育"。

目前，新教育已经开发并初显成效的有十大行动和三
大课程。

新教育实验最初的六大行
动具体指：营造书香校园、师
生共写随笔、聆听窗外声音、
培养卓越口才、构建理想课
堂、建设数码社区。新教育实
验倡导通过阅读，让师生与人
类的崇高精神对话；通过共写
随笔，让师生体验生活，反思

自己，超越自我，共同编织有意义的生活；充分利用校外的教育资源，引导学生关心社会，激发学生形成多元的价值观，培养他们创造的激情等。

近年来，新教育实验又陆续推出了推进每月一事、缔造完美教室、研发卓越课程、家校合作共建等四大行动。推进每月一事，就是通过每月一项活动、关注一个主题、培养一个习惯的方式，教给学生一生有用的东西。它整合了阅读、学校各种主题活动和节日庆典等内容，尤其注重艺术、体育、口才等才能，为学生的生命奠基。

缔造完美教室和研发卓越课程，就是将愿景、文化、课程等融合在一间教室里，让师生汇聚在伟大事物的周围，穿越在伟大事物之中，吻醒故事和经典，编织诗意的生活，最终让教室里的每一个生命走向卓越。

家校合作共建，就是通过亲子共读、新父母学校等形式，在家庭与学校之间搭建桥梁，将父母深度卷入教育中，让父母、教师、孩子形成坚不可摧的教育共同体，充分发挥父母等社会力量在教育中的作用。

新教育实验的三大课程具体指：儿童课程、教师课程和理想课堂。新教育儿童课程的标志性词语是"晨诵、午读、暮省"，它是新教育实验倡导的一种回归朴素的生活方式。"晨诵"是一门结合了古典诗词、儿歌与儿童诗、中外经典的复合课程。目的在于丰富儿童当下的生命，使其养成一种与黎明共舞的生活方式。"午读"的核心是"毛虫与蝴蝶——新教育儿童阶梯阅读研究"项目。"暮省"是指让反思成为学生的日常生活方式。我们认为：教育是唤醒，也是给予；阅读能够唤醒这种蕴藏着的美好与神奇。新教育认为无论是民族文化的特质，还是人类文明的价值，都需要教师和父母按照生命成长的规律，慢慢地通过阅读、通过故事传授给孩子。

新教育的教师课程包括职业认同和专业发展两个方面。职业认同是根据生命叙事的理论，为教师寻找自我的镜像，以作为人生的榜样，鼓励教师勇敢面对生活中的各种挑战和困难。专业发展项目是以"三专"（专业阅读＋专业写作＋专业发展共同体）为支撑内容。新教育实验认为，不同学科与发展阶段的老师，需要阅读不同的专业书籍。为此，新教育实验研制了"新教育教师专业阅读地图"，初步构建了一个理想的教师知识结构模型，从而更有效地解决了不同水平与学科的教师分别该读什么和怎么读的问题，以及专业阅读如何为专业实践服务的问题。新教育认为，教师必须学会通过专业阅读，站在大师的肩膀上前行；通过专业写作，站在自己的肩膀上攀升；通过专业发展共同体，站在集体的肩膀上飞翔。

新教育实验对于理想课堂的追求：它想拥有应试课堂话语同样想要的成绩，但希望是以更人道、人性、科学的方式来实现。因此，新教育提出了课堂教学的三种境界：第一种境界——落实有效教学框架，为课堂奠定一个坚实的基础；第二种境界——发掘知识这一伟大事物内在的魅力；第三种境界——知识、社会生活与师生生命的深刻共鸣。

作为教育非政府组织，公益性和学术性是新教育的根本特征。新教育的公益性是以提高中国（特别是边远地区以及农村）儿童的阅读能力以及中国教师的专业化水平为核心目标，先后开辟了贵州新教育推广项目、新教育童书馆项目、新教育移动图书馆项目、完美教室项目、毛虫与蝴蝶儿童阅读推广项目、新教育种子教师计划、新教育萤火虫亲子共读等一系列公益项目。从 2003 年开始，新教育人的足迹一直在西部跋涉，"灵山，新教育西部行"活动一直没有中断，陕西定边，宁夏中宁，四川遂宁，内蒙古阿兰旗，新疆奎屯，贵州凤冈、遵义、威宁等地，都留下过新教育人的足迹。

立足田野，以学术提升公益的品质效率，将爱心、激情与理性、专业融为一体，相互促进，让有限的公益资源最大限度地发挥效益，是新教育公益的重要特征。汶川大地震不久，新教育人就前往重灾区四川北川进行培训，送去了灾后儿童急需的童书、音乐盒等，为孩子医治心灵的创伤，并且在那里建立了新教育实验区。

正因为新教育的理想魅力和扎实的实验研究成果，它的影响力不断扩大。到目前为止，新教育实验已经走过十年历程，全国有 24 个省、直辖市、自治区，38 个实验区，1511 所实验学校，10 余万名教师和 150 多万学生参加了新教育共同体。

新教育实验引起了全国媒体的广泛关注。《人民日报》、《解放日报》、《光明日报》、《中国青年报》、《人民政协报》、《人民教育》、《中国教育报》、《教育研究》、《中华儿女》、《南风窗》、《经济观察报》、《21 世纪经济导报》、中央电视台、中国教育电视台等 50 多家媒体对新教育实验进行了深度报道。《南方窗》最早把新教育实验称为中国的"新希望工程":"可以断定的是,作为一场对抗'教育异化'的实验,理想主义者试图从源头上救赎中国教育危机的努力,起码可以视作以'人的教育'为旨要的'新希望工程'的剪彩仪式。"2004 年 2 月 20 日,《中国教育报》这样评价新教育实验:"'生于毫末'的新教育实验虽然尚未成就'合抱之木',却已成为当今中国教育改革的一朵奇葩。"

2007 年 11 月,中央电视台《新闻调查》栏目以"心灵的教育"为题,专门介绍了新教育实验。他们认为,相对以分数为主要导向的应试教育,新教育注重与人类的崇高精神对话,强调一个人的精神发育史就是他的阅读史,并且通过晨诵、午读、暮省的生活方式,让学生拥有一个博爱而敏感的心灵,重塑他们的精神世界。

2012 年,《中华儿女》和《校长》杂志分别用 30 页和 150 页的篇幅专题介绍了新教育实验。《校长》杂志的主编李斌先生在前言中评论说:"新教育实验的成败,将在很大意义上影响甚至决定中国教育、乃至中国社会未来的格局——也许历史终会证明,这个说法并不夸张。"

2012 年 2 月,《日照日报》评选的 2011 年度日照十大民生新闻中,《新教育实验让日照孩子"幸福学习"》名列第四。

新教育实验在国际上也引起了广泛的关注。2009 年 3 月 15—18 日,应韩国政府"Brain Korea"项目邀请,我在韩国全北大学做了"新教育——过一种幸福完整的教育生活"的专题讲演。2010 年，《朱永新教育文集》（十卷本）的韩文版正式出版发行。

2008 年，由日本学者诹访哲郎教授等撰写的《沸腾的中国教育改革》一书由日本东方书店正式出版，其中有专章介绍了新教育实验。2012 年，朱永新教育文集《我的教育理想：新教育之梦》等著作由日本东方书店正式出版。

2012 年，《朱永新教育作品》（16 卷）被世界上最大的教育出版集团麦克劳希尔引进英文版权，对全球发行。最近，又与阿拉伯思想基金会签订了《中国新教育》一书的阿拉伯文版权协议，即将出版阿拉伯语种，介绍新教育实验。

新教育实验的愿景是努力成为中国素质教育的一面旗帜，全力打造植根于本土的新教育学派。这个梦想，正在逐步成为现实。正如作家童喜喜所说："新教育实验的成功，归根结底在于它是抛开纷纭复杂的外部原因，从挖掘教师内心，点燃每个人灵魂深处的理想之火开始，使得教师着重进行眼下所能采取的行动，用点滴作为改变自己、改变身边小世界，从教育困局中突围。新教育实验不是说出来的，而是做出来的，是在千万间教室里一点一滴、日复一日静默生长着。大道而行，因思想而行动，因行动而催生新思想，如此正向循环。"

二、新教育：文化的自觉

涂尔干在谈到欧洲教育思想和教育体系的演进时说：
"教育本身不过是对成熟的思想文化的一种选编。"（爱弥
尔·涂尔干：《教育思想的演进》，上海人民出版社，2003
年版，第23页）这从一个特定的角度对教育进行了重新
的理解。也就是说，教育在本质上是对于人类所创造的思
想文化的自觉传承活动，这个传承不是全盘的，而是有选
择的，是在对各种思想文化进行了一番审视、选择和编纂
之后，才纳入"以文化人"的教育体系中的。而这里所谓
"成熟"的思想文化，是指系统的知识、思想观念、价值
信仰和思维方式等构成的文化体系。

根据涂尔干的"选编"理论，每个民族在不同的历史
时代，都必须对自己的思想文化进行"选编"。这样的
"选编"，其实就为每一个时代的教育打上了特定的文化烙
印，也为每一个时代的文化涂上了教育的色彩。尤其是在
社会大变革的时代，这种"选编"往往更加大刀阔斧、惊
心动魄。几乎每个民族都会对自己创造和继承下来的成熟
思想文化进行反思和再阐释，使之符合那个时代的精神气
质。当不同的思想文化体系发生碰撞和交流时，每个民族
也都会根据自己的标准对"异文化"进行"选编"。

教育对成熟思想文化的每一次"选编"，都会形成不
同的知识和思想体系，留下一批经典文献，而这些"选
编"所蕴涵的基本价值观念和思维方式，更是培养了一代

又一代的人，塑造和影响着一个民族的心理结构。在这个意义上说，一部教育史就是一部思想文化的选编史。（冯向东：《我们在如何"选编"思想文化：一个审视教育自身的视角》，《新华文摘》2011年第6期）

用这个理论来观照中国教育史，我们会发现，中国历史上这样的"选编"一直从未间断。孔子在春秋时期编撰《诗》、《书》、《礼》、《乐》、《易》、《春秋》六经，应该是第一次自觉的"选编"。董仲舒在汉代"罢黜百家，独尊儒术"，是第二次"选编"。此后，唐代的古文运动、宋代的理学运动和清末的"中学为体，西学为用"运动，也是三次重要的"选编"。这三次"选编"的共同使命都是，努力把当时的中国文化从被破坏和被削弱的境地挽救出来。其中，前两次"选编"的共同背景是在它们的前代，均是社会文化相对落后的少数民族入主中原，造成汉民族社会文化面临失落的危险，但是没有动摇其根基；而后一次的背景则是，西方国家用坚船利炮轰开了中国的大门，直接威迫签订了许多不平等条约。应该说，前五次"选编"总体是成功的，孔子与董仲舒的"选编"，奠定了儒家思想在中国的历史地位，成为几千年中国社会的共同价值与精神家园。唐宋的古文运动与理学运动，造就了唐宋八大家的文学与思想高峰，孕育出了美丽的唐诗宋词。而近代的第六次"选编"，则经历了一个从器物（洋务运动）到制度（资产阶级革命）再到思想（五四新文化运动）的认识历程，付出了沉重的代价。

新中国成立以后，我们的"选编"走了不少弯路。改革开放以来，我们的"选编"兴奋点又从"阶级斗争为纲"转移到了"以经济建设为中心"，文化让位于"物化"，在权力和金钱的旋涡中，许多人迷失了自己，而教育也放弃了自己对文化更新的巨大作用。教育一度臣服于错误的思想、滥用的权力和霸道的金钱，完全丧失了理想与追求。学校追求的是功利化的分数，道德与智慧均被踩在脚下。这说明，我们的教育没有自觉履行对于成熟的思想文化的"选编"的责任，没有从中国文化长远的发展来考虑学校的目标，也没有将人性的彰显看成是学校的生命。

新教育认为，教育应该是文明复兴的新动力，学校应该是文化发展的新中心。没有教育对于文化的自觉"选编"，就不可能有真正意义上的文化复兴和重建，也就不可能拥有真正的精神家园。所以，这既是国家文化建设与教育建设的重大任务，也是新教育人义不容辞的神圣使命。

在新教育实验发展的历程中，这个使命不断地清晰和明朗起来。在新教育的理念与实践中，把中国文化作为新教育的根基和创造之源，已经成为新教育人的文化自觉。

第一，新教育实验提出了"过一种幸福完整的教育生活"的价值追求和追寻理想、深入

现场、共同生活、悲天悯人的新教育精神，这明显受到了儒家文化厚德载物、自强不息的影响，体现了中国传统文化的道德情怀。

第二，新教育实验提出了"共读共写共同生活"的理念，努力推动书香校园和书香社会的建设，希望中国的教师和学生、父母和孩子乃至更大的共同体，有共同的语言和密码，共同的价值和愿景，从而为形成中华民族的共同精神家园做出积极的贡献。

第三，新教育实验把教师的发展作为教育改革的逻辑起点，号召教师以孔子为榜样，书写自己的生命传奇，为中国教师树立人生楷模。对久居新教育共同体之中的人而言，加盟新教育，乃是选择了一种新的生活方式———种更古老、更本真，与源初思想更为切近的生活方式。在这种生活方式中，教育者努力让自己朝向（或处于）一个"生生不息"、"己立立人、己达达人"的境界中。敬畏生命，呼吸经典，与更年轻的生命相互编织有限之生的不朽意义，书写自己职业生涯的传奇……这些，乃是身居其中的新教育人的内在体认，一种深切的生命体认、文化体认，同时也是职业的认同。

第四，新教育实验主张"行动，就有收获；坚持，才有奇迹"，在实验学校推进"营造书香校园、师生共写随笔、聆听窗外声音、培养卓越口才、构建理想课堂、建设数码社区、推进每月一事、缔造完美教室、研发卓越课程、家校合作共建"十大行动，实践了中国古代"知行合一"的优良传统。

第五，新教育实验通过开发"在农历的天空下"、"走进孔子"等课程，通过挖掘各门课程的中国文化元素，提出"知识、生活和生命的深刻共鸣"等主张，并且通过"晨诵、午读、暮省"的生活方式，以及开学日、涂鸦节、毕业典礼等各种庆典和仪式，把自己的根深深扎在中国文化的沃土中。

第六，新教育实验提出"文化为学校立魂"的主张，通过开展"文化植根"、"文化塑形"、"文化育人"、"文化强师"、"文化立信"等方面的学校文化实验，将中国传统文化的精神、理念渗透到学校建设的各个领域，让学校环境、教育行为的细微处浸润文化精神，凝练生命精华，令师生沐浴在道德、科学、数学、语言、历史、艺术等人类文化的熠熠辉光里，耳濡目染，行以成之。

近十年来，有一种意识在新教育共同体中越来越明晰：教育必须有根、有魂。而新教育，与其说是想为中国教育打造可以流传数百年的成熟课程，倒不如说是想为"失魂落魄的教育"重新召回灵性、魂魄、神圣性。而任何一个成熟的课程，必须从文化和生命存在的根系中生出，且与悠久的历史息息相通，才能够是值得保存与流传的。诚如海德格尔所言，"我深信，没有任何本质性的精神作品不是扎根于源初的原生性之中的"。中国大地上的新教育实验，其实就是曾经富有创造性的中国思想在今天这个时代的一次复苏。

因此，新教育首先是一种创造性的寻根，是寻找这一文化的创造根源，使得生生不息的创造在这片土地上重新

新教育首先是一种创造性的寻根，是寻找这一文化的创造根源，使得生生不息的创造在这片土地上重新开始

开始。也同样是在这个意义上，新教育实验首先是文化的新教育实验和哲学的新教育实验，而不是封闭于某个实验室，通过采集数据进行数理统计的自然科学倾向的教育实验。虽然新教育实验中会有个体研究人员以这样的方式进行某些实验，但这是从属于上述文化的新教育的局部探索。

也因此，随着新教育的深入，它将越来越把自己与原初的儒家精神和道家思想关联起来，并以创造性地阐释那些塑造民族精神的经典为己任、为依据。当然，这里没有背诵经典的盲从盲信，自然更不会有认定中国文化是不再具有生命力的死物的武断。对于栖息于此一文化、此一语言中的新教育，它认为自己有责任也有能力，在当前的语境下，重新活出"生生不息"、"仁"、"恻隐之心"、"浩然之气"的儒家精神和"道法自然"、"天、地、人、道"和谐四重奏的道家精神。

在此语言和文化的原点上，新教育实验放眼全部人类创造的历史，将自然科学、西方哲学和其他文化的精髓，尤其是心理学成果，纳入自己的视野中，成为创造当前"具有创造性与本真性的教育"的必须借助的资源与视域。

新教育实验，以培植自强不息、仁心充溢的生命为己任，并从其存在的诗意中开发出一系列人文课程，从其存在的思性中开发出一系列科学课程。而这一过程将始终确保诗与思的统一性，无论是生命早期的浪漫，还是高年龄段的精确分科，都将确保生命的完整与统一。

新教育人深知自己的责任是创造一种好的教育，而不是成为创制心理学理论、教育理论的职业理论家，所以，在拥有一个自己体认的文化原点和一个自己确定的解释框架的前提下，更多的是以行动者的姿态，把前人的研究成果、哲学思考，纳入教育生活的相应位置，而最终目的始终在于：创造一种本真的教育，"过一种幸福完整的教育生活"。而这种开放的视野，以"复兴源初创造性文化"为己任的天命感，使得它和当前同样冠以"教育实验"之名的其他教育探索有着本质的不同。

因此，最后呈现于世人面前较为成熟的新教育实验，将是一个从幼儿园到高中的完整教育形态，一个从学校文化建设到所有学科课程的创制，以及师生、家校共读共写共同生活的独特而完整的教育—生活形态。在这样的完全意义的新教育学校里，当前命名的任何新教育项目可能将不复存在，而只有每一个生命的自我叙事不断展开，"晨诵、午读、暮省"，人类创造的最美好事物在共同生活和课程穿越中不断复活，师生生命也因此不断充盈、丰厚。新教育人不愿意错过任何可以企及的美好，也不愿意把自

己的存在局限于某一局部，更不愿意把自己研究的这一局部与存在整体相分离。

而在此种共同的文化诉求中，每个生命将依据自己的生命密码和存在境域，成为独一无二的生命叙事者，这一个个创造性的个体，将共同构成一

道新的精神风景线。这样，我们的教育使命也在其中得到了安顿，既为中国文化的重建，也为每个人的精神家园找到归属。如此，学校将重新回到文化与社会的中心，引领和促进社会的进步与发展。

美国历史学家汤因比曾经说过："避免人类自杀之路，在这点上现在各民族中具有最充分准备的，是两千年来培育了独特思维方法的中华民族。"不止一次地有人预言，21 世纪将是中国人的世纪。但我认为，如果没有我们文化的自觉，没有我们教育的行动，这些预言和判断将始终是一个画饼，是别人欺我、我又自欺欺人的安慰剂。中国文化能否再度复兴，能否迎来再度令世界起敬的成就，一切有赖于我们的努力，有赖于我们每一间教室的努力。这就是新教育实验的文化使命。正如徐锋先生所期待的那样："我们今天的新教育，就是要'修复'延续了 2000 多年的儒家的道统教育，就是要回归源头，回归传统。新教育的花朵，一定是道统教育凤凰涅槃之后所绽开的带有中华文明胎记的花朵，在新教育所缔造的完美教室里，我已经闻到了这种花朵的芬芳。"

"人能弘道，非道弘人。"新教育人的使命，就是自觉地把中国文化作为自己的精神家园，作为我们教育的根基和创造之源；就是通过我们的努力来推动文化的自我创生，让中国文化的根本精神在我们这个时代重新显现并焕发青春。作为教师，我们可能由于各种原因不能成为孔子、孟子、朱熹、王阳明这样的文化重建者，但我们每个人都应该努力做到——通过我们每一个新教育人的文化自觉，通过我们自己这个湍急的隘口，让中国文化这条河流奔涌前行。

亲爱的新教育人，让我们积极行动起来！秉承我们赤诚的信念，把中国文化的根本精神在我们身上真正地活出来，让自己成长为面向世界的中国人，进而去培养面向世界的中国人！

亲爱的新教育人，让我们坚持行动下去！绽放我们智慧的生命，为建设我们共同的精神家园，为中华民族的伟大复兴，让我们上下求索且行且歌，让我们为中国而教！

我是一个行者

步履轻盈，在教育的路上

我的脸上带着笑容

我的心中充满阳光

我的行囊中为教育准备了一切

理想、智慧、激情，诗意和力量

——朱永新《走在教育的路上》

教育，从家庭开始

2012 年 11 月·北京

新东方家庭教育高峰论坛邀请过我好几次，一直没有机会来。这一次来，果然让我很感动，那么多人对家庭教育都非常关注。

今天我要讲三个主题，具体如下：

家庭是最容易出错的地方

第一，家庭对人生来说非常重要，因为我们所有的人都是从家庭这个港湾出发的。 人的一生有四个最重要的场所：一是母亲的子宫，人通过母亲来感受外部世界的变化。可以说，家庭教育实际上从母亲的子宫里就开始了。二是家庭。来到世界的第一声啼哭，是人生的第一个独立宣言，这个时候人和外部世界的交流主要是通过家庭、父母来进行的。三是教室。在教室里有没有亲密的人际关系？能不能健康成长？能不能学到知识？这将影响人的一生。四是职场。离开学校后，就要走进职场。在职场里面要拼搏、晋升，有很多事情要处理，不过，累了之后回到家里还可以倾诉。所以，家庭是人生中不可或缺的一个场所，是人生最重要、最温馨的一个港湾。人生从这里出发，也将回到这里。

第二，童年的秘密还远远没有被发现。真正地发现儿童、把儿童当人来看待是从文艺复兴以后。特别是自从有了《儿童权利公约》，它规定我们必须尊重儿童、爱护儿童。但是，有了《儿童权利公约》，我们就真正把儿童当儿童了吗？也没有，更不要说把他们当成独立的人了。

托尔斯泰曾经说，孩子自出生到 5 岁的年龄段内，他的智慧、情感、意志和性格诸方面从周围世界中所摄取的，要比他从 5 岁到一生终了所摄取的多许多倍。这句话说明了家庭教育的重要性，说明了孩子 5 岁前家庭教育的意义。

第三，家庭是真正的人诞生的摇篮。童年是人生中最重要的时期，不是对未来生活的准备时期，而是一段真正的、光彩夺目的、独特的、不可再现的生活。今天的孩子，将来会成为一个什么样的人，起决定作用的是他的童年是如何度过的，童年时期有谁携手带路，周围世界中哪些东西进入了他的头脑和心灵。人的性格、思维、语言都在学龄前和学龄初期形成，这是苏霍姆林斯基在《育人三部曲》中说的。

第四，家庭之路充满着无证驾驶的"司机"。没有驾照不能开车，违规要罚款。然而，做父母的无需经过任何培训，就可以对孩子发号施令了。实际上，做父母比开车要复杂一百倍、一千倍。一个孩子的方方面面，从生理到心理再到养育方式，从知识的学习到人格的养成，都是一门大学问。如果一个国家充斥着这样的"司机"，这个国家一定是危险的。

我非常敬佩俞敏洪先生，新东方虽然是从外语培训开始做起来的，但是每年他会拿出几百万元支持家庭教育的研究和推广。像新东方家庭教育研究与指导中心这样的公益机构太少了，国家应该大力推动、培养、支持这样的父母教育机构，让全社会所有的父母都有机会得到最可靠、最科学的资讯和最有效的帮助。

第五，家庭教育方向的不一致使儿童无所适从。现代家庭教育的一个很大问题和前面一个观点是有联系的，因为父母的教育观点不一样，和爷爷奶奶的也不一样。现在是一个孩子有一对父母，有爷爷奶奶、外公外婆，甚至还有更年长的人，而他们的整个教育方向经常不一致。

父母是最容易犯错的老师

因为大部分父母都没有接受过科学的训练、科学的育儿知识的培训，所以他们很容易犯错。

很多父母认为，他们的任务就是让孩子吃好、穿好，身体健康，教育是学校的事情。事实上，孩子无论在哪里，总是离不开父母的影响和父母的教育，包括在餐桌上的每一句话，孩子都看在眼里，记在心里。所以，孩子成为优秀人才的背后总能够找到温馨、和谐家庭的影子；同样，一个人形成不健全的人格，也能从其家庭中找到某些冲突和矛盾的因素。

父母易犯的错误主要体现在以下几个方面：

第一，望子成龙的过高期望值。所有的孩子来到这个世界上都有他存在的理由，所有的孩子都是不一样的。然而现在，我们的教育使用同一个标准，即哈佛的标准、北大的标准，以及分数的标准，这个方向就错了。应该让孩子成为他自己，只有成为他自己，才能生活得幸福，其潜能才能得到发挥。

第二，重智轻德的功利化。现在，我们是一卷遮百丑。只要考试分数高，家里的奖励就来了，甚至有父母告诉孩子不要把自己的学习方法教给其他孩子。这样，孩子变得越来越自私，只关注自己，甚至对家人都不关注。这样的孩子能走多远呢？如果教育不关注人的品格发展，这样的教育肯定走不远。

第三，宠爱或冷漠的两种极端。一种是过度宠爱、过度关心、过度照顾，造成了很多长不大的孩子。前不久我看到一位寄宿中学生，每个星期寄一个脏衣服邮包回家，或者爸爸妈妈两个星期去学校做一次保姆。另一种则是极其冷漠，对孩子不闻不问。

好的父母应该跟孩子一起成长。2012 年 7 月，在山东淄博召开的第十二届"新教育年会国际高峰大会论坛"上，一位企业家讲了自己的故事，我很感动。他说："新教育的理念就是要求亲子共阅读。我们孩子的老师要求我们每天晚上必须给孩子讲故事，以前我每天晚上 11 点才回家，现在每天晚上 8 点必须回家。干什么？给孩子讲故事。只有给孩子播下善良的种子，经过漫长的岁月，这颗种子才能发芽，播种什么才能收获什么。"

阅读是最容易被忽视的事情

推荐我出版的一本小书——《我的阅读观》，书中我对阅读问题讲得比较透彻，进行了比较全面的分析。大家不妨读一读。

第一，一个人的精神发育史就是他的阅读史。很多人都以为身体成长了，精神自然就会成长，事实完全不是如

好的父母应该跟孩子一起成长

此。对于每一个个体，精神的成长需要重温祖先的故事，而人类几千年伟大的思想和智慧都在最伟大的著作里面。当你不读它的时候，那些东西就是废纸；只有在你读它的时候，你才能真正拥有它。阅读不能改变人生的长度，但是可以改变人生的宽度和厚度；阅读不能改变人的长相，但是可以改变人的气质和品位。

第二，一个民族的精神境界取决于它的阅读水平。阅读不是个体的行为，阅读和民族是有关系的。我们一直呼吁要建立阅读节，一个国家、一个民族的核心价值，包括党的十八大提出的要建立社会主义核心价值体系，要建立共同的精神家园，从哪里来？从阅读中来。只有当一个民族拥有共同思想和财富的时候，才能真正形成共同的价值。

第三，把最美好的东西留给最美丽的童年。我一直认为，无论是家庭还是学校，都应该成为会聚美好事物的中心，应该把最美好的东西留给最美丽的童年。最美丽的东西是什么呢？当然是图书阅读。

第四，不做同一屋檐下的陌生人。不少家庭貌合神离，看起来住在一个屋檐下，吃的是一锅饭，但是精神上没有走到一起。共读一本书，就是创造并拥有共同的语言和密码。所以，阅读不仅仅是孩子的事情，只有亲子共读才能取得最好的成效。

第五，童书的价值远远没有被认识。人的一生都是围绕童年展开的。童年见识真、善、美越多，人心中的真、善、美就越多，就越能成为真、善、美的人。真、善、美在哪里呢？就在童书里。人生前 14 年读的书，对人一生具有重要的影响，这是很多作家、心理学家的共识。

阅读不仅仅是孩子的事情，只有亲子共读才能取得最好的成效

北川，新教育人永远的承诺（后记）

前不久，华东师范大学出版社大夏书系的林茶居先生来函告诉我：大夏十岁了。

这个十岁孩子的成绩单如下：图书421种，总印数达1500多万册，覆盖全国2000多个县级行政区域及世界部分华文地区，部分图书的版权已实现对外输出。

为了纪念这十年，同时为下一个十年继续传承教育经典、传播教育常识，继续助力教师、校长的专业发展，积蓄更多的能量，华东师范大学出版社就主题、内容、市场占有率、读者美誉度和社会影响力等方面的因素，综合考量已出版的421种图书，从中选择了14本书作为《大夏书系·十年经典》重新出版，其中包括我的《过一种幸福完整的教育生活——朱永新教育讲演录》。

茶居兄布置任务，让我为大夏十年写点文字。我欣然提笔写下一副对子："大夏十年，凝四百图书润万千教师心田；中国一梦，聚千万先生育数亿孩童成才。"如果加上一个横批，则是"教育兴神州"。

为了更加突出新教育实验的内容，《过一种幸福完整的教育生活——朱永新教育讲演录》的第二版删除了《关注农村教育》、《与孩子一起成长》、《给灵魂洗个澡》、《中国教育改革的几个关键问题》四篇文章，增加了三篇新的讲演：《做一个让学生瞧得起的老师》、《为中国而教》和《教育，从家庭开始》。

在修订这本书的时候，我的思绪不断飘向那个我永远无法忘怀的地方——北川。

去年五月，北川举行了"新教育开放周"。因为与全国人大执法检查的时间冲突，我没能够参加。从童喜喜的《心上新北川》一文以及"教育在线"网站的专题帖中，我一直关注开放周的情况，为北川人的坚守和他们的新教育情怀而感动，并为他们将开放周活动结集而成的册子写了序言。

是的，对于北川，新教育人做了一些力所能及的事情。相对于全国乃至世界范围内的援助而言，新教育人的付出只是沧海一粟。但是，就是这些小小的努力，也像种子一样，在春天悄悄地破土了。灾后的北川，重生的北川，是一个让生命顽强的地方。

对于北川，新教育人也有太多的遗憾。尚勇带着他的未竟梦想在地震中遇难。研究中心专家征战罕台，而没有精力长期深入北川跟踪指导。由于我们新教育团队的指导不够等原因，北川新教育只是走在迈向卓越的路上，距离目的地仍然遥远。

所以在读到童喜喜的《心上新北川》时，我流泪了。流的是遗憾、惭愧的泪水。北川，是国人心中永远的痛；北川，也是新教育人永远的承诺。当把她的那篇文章转到我的博客时，我说："北川、石门坎、凤冈……我们曾经走过的地方，新教育曾经播种的地方，我一刻也没有忘记过。"

所以在看到开放周的纪实文字时，我也流泪了。流的是感动夹杂着不安的泪水。

之所以感动，是因为我知道，无论是热情洋溢的开幕式，还是民族风情的《禹羌部落》，无论是永昌小学的威风锣鼓、羌族舞蹈，还是安昌小学、永安小学的师生晨诵，都凝聚着北川人的情与爱、血与汗，凝聚着北川新教育人坚韧的追求——我知道，这背后的痛楚和挣扎。

之所以不安，是因为我知道，这次开放周是北川第一次正式的"新教育开放周"。由于新教育研究院对这次活动的协调出现了一些失误，活动中出现了一些疏漏；由于新教育专职团队人员匮乏，大量的跟踪培训只能在网络上进行；在精彩的教研活动中，也呈现出一些有待继续解决的问题。

时光飞逝，转眼已近五载。最值得庆幸的是，我们的心一直与北川同行，已在这条路上携手走过了五年。汶川地震后我去过的八一帐篷小学，现在已经与北川曲山小学合并为永昌小学。这所由胡锦涛亲自命名的学校，以"德艺永昌，晓学博爱"为校训，以禹羌民族文化为依托，以新教育为载体，在废墟上涅磐重生，成为北川土地上绽放的那朵最娇艳的新教育之花。尽管没能亲临现场，但北川热土上新教育的人与事，我早已耳熟能详。

无论是领军前行的傅广大文副局长，还是首批考察新教育的徐正富校长，无论是为推进新教育工作深入学校担任班主任的北川教师进修学校梁春蓉老师，还是在新教育实验中成长起来的永昌小学唐守辉老师，以及更多默默无闻、兢兢业业、积极生活的北川新教育人，大家在不同岗位上、不同教室里，日复一日，向这片土地报以微笑与汗水。

记得在这本小书出版的时候，我曾经表示，把所有的稿酬用于北川的教育重建。其实，微薄的稿酬对于北川教育重建连沧海一粟都谈不上，只是尽我个人的一份心意，献出微薄的力量而已。这次我同样承诺，新版的稿酬继续用于北川的新教育事业，帮助北川的教师成长。

我坚信，这样的凤凰涅槃，北川新教育绽放的将是更新、更美的希望。

我坚信，这样的坚定前行，幸福完整的教育生活是我们终将实现的共同梦想。

朱永新
2013 年 4 月 10 日写于中央党校 23 号楼

图书在版编目（CIP）数据

过一种幸福完整的教育生活：朱永新教育讲演录/朱永新著. —2 版.
—上海：华东师范大学出版社，2013.6
（大夏书系·十年经典）
ISBN 978 - 7 - 5675 - 0818 - 7

Ⅰ.①过... Ⅱ.①朱... Ⅲ.①教育学—文集　Ⅳ.①G40 - 53
中国版本图书馆 CIP 数据核字（2013）第 131263 号

大夏书系·十年经典

过一种幸福完整的教育生活
——朱永新教育讲演录（第二版）

著　　者	朱永新
项目编辑	吴法源　林茶居
封面设计	奇文云海
责任印制	殷艳红
出版发行	华东师范大学出版社
社　　址	上海市中山北路 3663 号　邮编　200062
网　　址	www. ecnupress. com. cn
电　　话	021 - 60821666　行政传真　021 - 62572105
客服电话	021 - 62865537
邮购电话	021 - 62869887　地址　上海市中山北路 3663 号华东师范大学校内先锋路口
网　　店	http://hdsdcbs.tmall.com/
印 刷 者	北京密兴印刷有限公司
开　　本	710×980　16 开
印　　张	15.25
插　　页	2
字　　数	150 千字
版　　次	2013 年 8 月第一版
印　　次	2015 年 11 月第二次
书　　号	ISBN 978 - 7 - 5675 - 0818 - 7/G · 6558
定　　价	35.00 元
出 版 人	朱杰人

（如发现本版图书有印订质量问题，请寄回本社市场部调换或电话 021 - 62865537 联系）